九電本店前に脱原発テントを張って10年目

キリスト者・青柳行信
人権擁護と反原発の闘い

青柳行信◉語り　音成龍司◉構成　栗山次郎◉聞き書き

柘植書房新社

「お父さんは一人ではないよ！」

一九九三年福岡拘置所にいた青柳行信さん宛ての娘さん青柳蒔子さん（当時小学校六年生）のハガキから

はじめに

本書は青柳行信《あおやぎゆきのぶ》さんに、主としてこれまで参加してきた基本的人権擁護と反原発の運動とその周辺事情を語っていただき、栗山が聞き書きしたものです。しかし「語り」だけでは周囲の状況やその事柄の客観的な意義や歴史、さらには現状などが把握しにくい場合があるので、一般書やホームページやウエブでの資料や青柳さんがお持ちのパンフレットや写真などで「語り」を補足しました。また、以前から青柳さんと親交があった久留米大学医学部臨床教授で音成《ねしげ》脳神経内科・内科クリニック院長の音成龍司《ねしげりゅうじ》さんから本書の構成について提案していただいていたのですが、それを生かして本書の骨格ができました。なお本書（第一章〜終章）での「私」となっているのは「語り」手の青柳さんです。

本書の構成についてあらかじめ申し上げておきます。青柳さんは、現在は「原発とめよう！九電本店前ひろば」の代表世話人をはじめ、「さよなら原発！福岡」の代表や「福岡県総がかり実行委員会」の代表を務めています。さらに、二〇一九年三月までは「市民連合ふくおか」の事務局長でしたし、それ以降は顧問を務めています。青柳さんが福岡の市民運動や反原発運動のいわば核として活動をしています。

これらの活動のうち、青柳さんが現在一番力を入れているのは「原発とめよう！九電本店前ひろば」（本書では「テント・ひろば」、または単に「テント」とか「ひろば」と述べています）です。ですから第一章ではこれについて説明します。あの福島原発事故の直後の二〇一一年四月に九州電力本店入り口前にテントを張ってから今まで九年半以上続いて、間もなく一〇年になろうとしています。そして一一年目も続いていきます。本書のタイトルも、今後も続いていくテントを強調しています。第二章以下は「テント・ひろば」開設までの活動を時代順に語り、終章ではそれらを振り返って現在も持っている人権擁護の気持ちを概観しています。

青柳さんの長年にわたる活動の中で一番苦労されたのは一九九三年から二〇〇六年まででした。ペルー人支援活動を口実として逮捕されて拘置所に勾留されます。起訴後には刑事裁判、さらには民事裁判と裁判が続いたからです。青柳さんは「不法就労助長罪」違反というあらぬ嫌疑の火の粉を振り払うのと、それがもたらした身辺の重大事の解決に壮年期の一三、四年間を費やさなければならなかったのです。さらにこの時期の活動は、思想から見ても実際の行動から見ても青柳さんの人生で重要な出来事だったので、このペルー人支援活動について詳しく説明しています。

それ以外の活動については公害輸出批判、在日コリアンの指紋押捺拒否運動支援、「じゃぱゆきさん」の人権擁護、脱北者とミャンマーからの難民支援、イラク支援活動などについて述べています。

本書は、「青柳行信が語った青柳行信の身の丈像」を忠実になぞったのですが、本書を通してカトリックの精神に基づいた社会運動を進めてきた一人の人権活動家青柳行信の姿を見ていただけたら幸せです。

二〇二一年一月

栗山次郎

九電本店前に脱原発テントを張って10年目◉目次

はじめに　*3

第一章
脱原発テント「原発とめよう！九電本店前ひろば」　*11

第二章
神との出会い　*65
生い立ち、迷い、カトリック信徒として生きる決意

第三章
日本社会の矛盾を知り、現実を社会に訴える　*71
川崎製鉄による公害輸出に反対する運動への参加

第四章
「じゃぱゆきさん」の人権侵害に抗して　＊83
「出稼ぎ」エンターテーナー支援

第五章
日本の過去との出会い　＊95
在日韓国・朝鮮人の指紋押捺拒否運動支援

第六章
国家権力と対峙する人権擁護の闘い　＊105
移住労働者ペルー人支援活動

一　移住労働者ペルー人の実態と支援活動の内容…107
二　家宅捜索から逮捕まで
　——国のでっち上げとマスコミの迎合劇としての逮捕…133

第七章　拘置所の生活と取り調べ、そして裁判　*161

完全黙秘と仲間の支援

一　取り調べでの黙秘、逮捕の契機となった職業紹介、綱渡り的起訴という実態…161
二　拘置所での生活…176
三　取り調べ…203
四　保釈、そして刑事裁判と民事裁判、支援グループ、私の裁判の持つ現在性…215
(A)　保釈…215
(B)　刑事裁判、支援グループ、私の裁判の持つ現在性…221
(C)　民事裁判…237

第八章　国家権力に追われた人々との出会いと外国への支援活動　*239

日本にたどり着いた難民の支援とイラク支援

一　北朝鮮難民（脱北者）支援…240
二　ミャンマーからのロヒンギャ難民を支援する活動…249

三　イラク支援活動……260

終章
人権侵害との闘い……フィリピンとイラク、ペルーと日本、さらに福島　＊267

あとがき　＊271

（出典を明記している以外の写真は青柳行信さんや著者が撮影したり、所有している資料です）

第一章

脱原発テント「原発とめよう！九電本店前ひろば」

▼はじめに

二〇一一年三月一一日、東日本大震災が発生しました。それに伴い東京電力（以下 東電）福島第一原子力発電所をはじめ、東北地区にある運転中の原子力発電所はすべて緊急停止しました。しかし、福島第一原発で運転中であった三基の原発は緊急停止後、冷却装置が地震・津波の影響で働かず、炉心溶融を引き起こし大量の放射性物質を周辺地域はもとより地球規模でまき散らしてしまいました。

この時、大震災の発生から五時間後、同日午後七時三分に当時の菅直人総理大臣が原子力災害対策特別措置に基づいて原子力緊急事態宣言を発令しました。これに依拠して同日午後九時過ぎには原発から半径三キロ以内に住んでいる人々に対して避難指示が出されます。翌日未明にはそれが一〇キロ以内の住民に拡大され、夕方には二〇キロ以内の住民が対象とされました。近年ではこの指示で解除された地域はあるとはいえ、県外に避難している人は（二〇二一年一月現在で）約二万九〇〇〇人とも、六万七〇〇〇人にのぼるとも言われています。そしてこの緊急事態宣言は二〇二一年一月の現在も解除されていないし、いつ解除されるのか分かりません。

東日本大震災によって引き起こされた福島原発事故は人災でした。人間が防ぐことのできた事故でした。そして再び繰り返してはいけない事態です。核は人類とは共存できません。核のエネルギーは巨大であり、その影響は長時間に及び、人類はそれを制御できません。日本は原爆という核兵器により核の惨事を経験しているだけではありません。核を「平和的に使用した」原子力発電についてもその負の影響の甚大さをつぶさに経験したのです。

九州電力（以下　九電）本店前に張られたこの「ひろば」は時には言葉に出して目に見える形で、時には、または人によっては目には見えない形で無言のうちにいろいろな局面でサポートしていただいているのですが、この方々は日本から、地球上から核兵器も、「平和利用」とされている原発も、両方の核エネルギーの使用手段が消滅することを心から願っているにちがいありません。第一章はこのような方々に支えられてまもなく一〇年間になり、一一年目も続く九州での、福岡での一つの反核活動、反原発運動の報告です。

脱原発「テント・ひろば」では開設以来一〇〇〇日目、二〇〇〇日目、三〇〇〇日目や、テントが始まった四月二〇日、またはその周辺の日には記念パンフレットを発行したり、「ひろば□周年記念集会」を開いたりしてきました。二〇二〇年の四月二〇日は九周年に当たっていたのですがパンフレットなどを発行しませんでした。その事情を受けて、本章は脱原発テント「原発とめよう！　九電本店前ひろば」九周年記念誌的性格も持っています。

▼九電の積年の傲慢で尊大な振る舞いに抗議する行動

脱原発テント「原発とめよう！ 九電本店前ひろば」の発足は十分に計画され、事前に準備されたものではありませんでした。それは3・11東日本大震災で引き起こされた東電福島第一原発事故をきっかけに原発に対する恐怖や怒りに突き動かされての止むに止まれぬ行動でした。それだけではありません。これまで九電は玄海と薩摩川内の原発でいろいろな事故を起こしているのですが、それらに対する市民の側からの質問や申し入れや要望に対していつも傲慢で不遜で鼻であしらう態度しか示していなかったことも一因でした。

三月一一日直後の福島原発での過酷事故を知った九州各地の市民は九電への要請などを行ったのですが、これらの行動に対しても九電の対応はあまりにも市民を見下したものでした。九電のそのような態度を目の前にして自然発生的に生まれた運動でした。原発に対する恐怖や怒りに加えて、いわば積年の不満がその表現を求めて噴出した行動でした。

▼フクイチを契機とした九電本店前ひろば成立のいきさつ

二〇一一年三月一一日の東日本大震災に伴う福島原発事故を受けて国は電力各社に三月三〇日付けで緊急安全対策を求めました。フクイチ（東電福島第一原発）の惨事が明らかになって三週間近くも経ってからです。私自身は一九八六年のチェルノブイリ原発事故以降は様々な反原発運動に参加していたのですが、そこに参加している方々も3・11以降すぐに情報を集めたり、今後の運動の進め方を相談したりしてはいました。そのような場でも事故から二〇日も経ってからの国の要請は緊張感を欠いた対応だと話していました。しかし私たちは全国レベルの原発の問題ではなく、私たちの住んでいる九州での問題に集中して、それを活動の軸にしていました。九電は本店を福岡市の渡辺通りに置いていて、佐賀県玄海町に四基（現在一、二号機は廃炉決定）、鹿児島県薩摩川内市に二基の原発を持っています。東日本大地震発生時には玄海二号機、三号機が定期点検で止まっていました。四月には稼働を再開しようとしていましたが、事故の影響で再開できません。しかし九電は五月のゴールデンウィーク連休明けの運転再開を目論み、地元工作などを行っていました。このまま何もしなければ運転再開を許してしまう。そのような時期でした。

3・11直後に原発事故に関して九電から事情を聞こうとした個人の方々や趣旨を同じくするグループが九電に説明を求めたのですが、その人たちに対する九電の対応が非常に杜撰でまったくの邪魔者扱いでした。この対応に多くの人が不満だったのですが、「これじゃ、九電本店前で座り込みでもせな！」と九電本店前で二四時間の座り込みに入るという意向を明らかにされた福岡以外に在住の方もいました。私は知人からこれらのことを聞き、九電本店のある福岡の人が無関心然としているというわけにはいかない、と何らかのアクションを起こす必要を強く感じました。

同じころ、長崎で原爆に被爆した漫画家で、以前から親しくしていた西山進さんから「反核も反原発も同じだ、福岡市の中心地である天神でハンストをしたい、志を同じくする方はいないでしょうか」という趣旨のメールが届きました。西山さんは高齢で体調が十分でないにもかかわらず、反原発をアピールできる場を求めていたのです。このように多くの方がフクイチ事故を目の前にして反原発アピールに立ち上がらなければならない、と思い詰めていたのです。そのような状況の中で、福岡で行動をしませんか、と私が呼びかけた方は「九電消費者株主の会」で長く活動されていた方や九電が玄海原発三号機でプルサーマル発電を導入した時に既に座り込みを経験されていた方など福岡市にお住いの方が多かったのですが、北九州や唐津で反原発の行動を行っている方々もいらっしゃいました。

二〇一一年はチェルノブイリ事故二五周年なのでチェルノブイリの問題を話し合う四月一八日の会議に合わせて「座り込みテント村」の準備会も開きました。準備会では運動体の名称を「原発とめよう！九電前ひろば」とすることを決め、その上で、座り込みを始めるとしてどのように実行するか、名称は何とするかなどを話し合いました。その結果、名称は運動体に準じて「原発とめよう！九電本店前ひろば」にし、座り込みテント村の場所は九電本店前とし、道路使用許可は福岡地区合同労働組合（以下合同労組）が福岡中央署から毎月取ると決めました。それらを受けて、九電に対して玄海と川内の原発の運転を止めるよう二〇一一年四月二〇日に申し入れをする旨の連絡をしました。先述の玄海原発二号機、三号機の再稼働の時期を考えるとギリギリのタイミングでした。この申し入れについては全九州の反・脱原発グループにも呼びかけていたので当日は九州各地から約八〇人が集まりました。

▼二〇一一年四月二〇日の慌ただしい「テント・ひろば」発足

この日の申し入れ行動のために九電が準備した部屋は五〇人入るのがやっとという狭い部屋でした。

さらに申し入れの冒頭に九電からは動画の撮影は認めない、録音も認めない、もちろんネット中継は認められないと通達されました。険悪な雰囲気の中で申し入れは早々に終わったのですが、申し入れ直後に、九電の対応の不誠実さに怒った参加者が、「九電に誠実な対応を求める」として、九電本店前で座り込みをすることを即刻決め、座り込みが始まりました。これは西山さんや座り込みを提唱された方の提案を受けて私たちが相談していた座り込み開始予定日よりも早く、規模も人数も大きなものでした。私たちのグループに参加された方がテント内でなくテントの外の道路で暑い日差しが照りつける中でハンガーストライキもしました。

この日から、座り込みのために用意していた寝泊まりできるキャンプ用のテント二張りと賛同者を受付けるためのテント一つを張った九電本店前の「ひろばテント村」での座り込みの闘いが始まったのです。この時に「九電の廃炉を求める九州連絡会」を結成しました。構成団体はこの日に代表者がほとんど参加していた九団体です。

▼発足当初の「ひろば」

二〇一一年四月二〇日の座り込みは二四時間態勢で始まりました。九電本店前のテントには一日中誰かがいて、訪ねて来た人たちに説明したり、アドバイスをしたり、情報を交換したりできるようにしていました。その頃、福岡市では毎週土曜日に福島から避難してきたお母さんたちを中心に「ママは原発いりません」パレードが開催されたり、反原発運動とはさほど縁のなかった若者たちが脱原発サウンドデモを企画し、福岡での市民運動のデモとしては過去最高の一二〇〇人を集めたりするなど、脱原発を訴える新しい動きが始まり、脱原発を訴える人の波は確実に広がりを見せていました。

そんな中で九電本店の正面玄関からわずか一〇メートル（一六歩）先の歩道の上に「原発いらない」の横断幕を掲げた「テント・ひろば」が出現したのです。原発なしで暮らしたい！　の想いを直接九電に届けるための結集の場ができたと言っても過言ではありませんでした。

「ひろば」には乳飲み子を背負った母親も来ます。お母さんと一緒に園児や小学生も来ます。夕暮れ迫る頃には「ひろば・テント村街頭上映会シアター」が開設されたり、反原発の出前講座も開かれたりしました。原発はいらない！　を求める人たちの情報交換と出会いの拠点が九電の本店前に誕生したのです。

フクイチ直後に座り込みを提案した西山進さんから二〇一三年二月一六日にいただいたテントへのメッセージを紹介します。このメッセージにはテント発足当時の様子が書かれています。西山さんは一七歳のときに長崎で原爆に被爆されています。テントが始まったころは体調も万全とは言えなかったのですが、九電への申し入れや集会には必ず参加していただいただけではなく、時間を見つけて一ヵ月に一度、二ヵ月に一度はテントに来ていただいていました。

西山さんのメッセージには漫画を描きながら被団協の中心メンバーとして活躍して長年非核、反核の平和運動を担ってきた被爆者の実感がこもっています。メッセージとともに、西山さんがテントのために描いていただいたイラストも紹介します。このイラストの原画は今もテントの正面に飾ってあります。

二〇一三年二月の西山進さんの支援メッセージ

▼九電前広場との出会い

広島、長崎から六八年、東京で漫画を描きながら被爆者運動にかかわってもう三〇年を過ぎました。福岡に転居して一八年、こちらの生活の方が長くなりそうです。

二〇一一年三月一一日。東北大地震についで福島原発の事故です。原子炉が爆発して核分裂が始まったら手がつけられなくなると知っていたので、こりゃ大変なことになると思いました。

案の定事態は深刻で、アメリカは自国民を八〇キロ圏外に出るよう指令しました。やっぱり原爆を投下した国です。その怖さをきちんと把握していたのですね。しかし、日本政府や東京電力のそれは、むしろ犯罪的でした。核分裂を始め露出した燃料棒は冷やす以外に方法はないのです。ところが東電や国のとった行動は人間の命を無視したような行き当たりばったりの対応でした。そのことはご承知のとおりです。

私が許せなかったのは、時の枝野官房長官の言明でした。「放射能は今直ちに健康に影響はありません。放射能は胃のレントゲン程度です」。戦争中、広島原爆についての大本営発表は「敵は新型爆弾を使用せるも、わがほうの損害は軽微なり」でした。そして一九四五年九月アメリカ占領軍のファーレル准将は「広島、長崎ではもう死者はいない」と世界に発表しました。

まったく同じうそです。

テントのために描いていただいた西山進さんのイラスト。この原画は 2021 年 3 月の現在でもテントの正面を飾っています。

　それからじわじわと広島、長崎で内部被爆した人たちが死に始め、現在も続いています。「原爆症」です。これを聞いて私はもうじっとしておれなくなりました。

　旧交のあった青柳さんに「天神で抗議の座り込みでもやりませんか」「いいですね。すばらしいですね」簡単に答えがかえってきて、私は連絡を待ちました。それから数日して、「九電交渉」をやるというので参加しました。ところが九電の対応に私の怒りはまたもや爆発しました。小さな物置のようなところで立ち話の交渉です。これではやり取りもできません。これが一企業のやり方かと驚きました。後に改善はされましたが、やがて九電本店前に黄色のハンカチならぬ「さらば原発」の黄色い旗が毎日はためくようになりました。座り込みも三日ぐらいかと思いましたがとんでもない。もう六〇〇日を超えています。青柳さんを中心とした若い人たちの強靭な精神力は「九電のよこしまな経営」に「原発廃炉」で迫っています。

私は漫画を描いたり、横断幕を書いたり、そんなことしかできませんが、「再び被爆者をつくるな」という私たちヒバクシャの願いと深く結びついて広がっています。

私はこの力が世の中を変える力だと確信しました。私も、その昔、厚生省前、日比谷公園などで座り込みをやりましたが、もう年です。どうか皆さんがんばってください。

（西山進）

▼「ひろば」はアゴラです

それ以降現在まで九年間半以上にわたって、この「原発とめよう！九電本店前ひろば」は福岡市の中心街天神近くの渡辺通り一丁目の九電本店玄関前に開かれています。「ひろば」と言いますが、公園のようなスペースを意味しているのではありません。ギリシャでのアゴラを思って命名したものです。人々が来ては語らい、語っては去って行き、また新たなる市民が集まって来ては語らうことのできる場を表しています。

この「ひろば」＝アゴラは二〇一一年四月二〇日から今日まで幾分かの変動がありました。当初の

緊急発足時はキャンプ用のテントを使用していましたが、少し落ち着いてからは篤志家の寄付などがあり、基本的には広さ二メートル四方、高さも約二メートルのテントを二張りつなげている「ひろば」です。その中に書類を並べて置く長机と支援者や訪問者が利用するいすを並べています。九電への申し入れや集会の準備などで多くの人が来た時はテント内外で立ちながら報告や意見交換をしてもらいます。

上の写真は二〇一一年秋のテントの様子です。西山さんがメッセージで「漫画を描いたり、横断幕を書いたり」と述べていますが、この頃テントにはその西山さんが描いたスリーマイル島、チェルノブイリ、福島の事故を説明したイラストと文章が掲げられていました。また、この頃のテント周辺の旗には「さよなら、原発」と書かれていました。

テントから少し離れた所に軽トラを駐めています。ここはテントの離れのようなものです。その軽トラには中国語に詳しい方が「反核不要再有下一个福島」（意味は

2020年秋の軽トラでの反原発の宣伝

「反核　もう一つのフクシマは作らせない」と書いてくれた垂れ幕と支援者作成による横断幕が張られています。荷台の四隅には「原発いらない」の旗を立て、スピーカーからは反原発のメッセージや詩の朗読や音楽を流しています（上の写真）。

▼加えられた「ひろば」への規制、「ひろば」の形態変更をして継続

二〇一一年四月二〇日の脱原発「テント・ひろば」での座り込み発足時には私たちは大きな興奮状態にありました。そして一週間か一〇日間で目途がつくだろうと考えていました。多い時は十数人、少ない時で五、六人、基本的には一〇人はテントの中にいる方針で二四時間の座り込みは始まりました。しかし九電は再交渉には応じませんでした。九電の態度にはいささかの改善も認められない、九電はフクイチの事故に際しても、これまでの原発推進の方針を再検討する意思はみじんもない、というのが私たちの共通認識となってきました。

そのうちに警察からの規制も厳しくなりました。警察は、居住空間化している現状ではテントを設置する道路占有は認められない、継続して道路使用するには毎日のテント撤収が条件、というのです。

連日のように警察との押し問答が続きました。四月二〇日から始めた座り込みの道路使用許可期間は一ヵ月でしたから、ゆっくり構えている時間はありませんでした。押し問答の日々の一方で再申請を行いました。これによって二四時間の座り込みは一〇日ほど続きましたが、それ以上の継続は事実上不可能となりました。私たちは、週日の朝一〇時から夕方五時までテントを開くことで「ひろば」の趣旨を貫徹することにしました。

テントの前には賛同者用のノートを置いて多くの方に賛同者になっていただくように呼び掛けています。テントを開いて約一ヵ月間で賛同者は六九一人にのぼりました。約一年半後の二〇一二年一二月には二六八二人となっています。二〇二〇年五月中旬では四五二八人です。テントの中には訪問者が記名するノートも置いています。記名するだけでなくメッセージも記入できます。テントへの励ましや原発関連のニュースへの感想などがよく書かれています。このノートは二〇二〇年四月、八冊になりました。その一部を並べたのが下の写真です。

郵便物は「福岡市中央区渡辺通り九電本店前 ひろば・テント村」で着くようになりました。思ってもいなかったことですが、脱原発の拠点としてのテントは東京の経済産業省前など各地に広がりました。しかし二〇二一年一月の段階では、目に見える形でテントを

張っている「反原発テント」は九電本店前だけになっています。残念なことです。

▼「ひろば」は原発安全神話を突き崩し、脱原発の可視化と意識化を目指します

この脱原発「テント・ひろば」には脱原発を求めている多くの市民が集まって来ます。ほとんどの人は組織に属していません。いわば自由意思で来ています。これが「ひろば」の重要な持ち味でもあり、役割でもあります。

これは、九電本店正面入り口の目の前の座り込みを持続的なテントに切り替えたのと無関係ではありません。脱原発運動の苦い経験を繰り返してはならないと思ったからです。これは私一人の思いではなく、一九八六年四月二六日のチェルノブイリ原発事故によっても日本を覆っていた原発神話を切り崩せなかった人々に共通する痛切な思いであり、経験です。チェルノブイリ原発事故の後で大きな反原発運動が日本でも繰り広げられました。しかし、残念ながらその運動はまもなく下火となりました。それに反比例して日本の原発の安全神話が拡散していきました。チェルノブイリ事故で燃え上がった反原発の熱が冷めた一つの原因は目に見える反原発の旗やのぼりや自分の反原発の意識を確認できる場が少なかったからではないでしょうか。

反原発の旗が見えれば集まってくる人はいたのです。しかし脱原発を心で抱いていてもその心意気を生かす場所が見えない中で反原発の心は巨大な原子力ムラによる原発安全神話推進力に押し流されてしまいました。そして二〇一一年三月一一日を迎えました。フクイチ後はチェルノブイリ後を繰り返してはなりません。そのためには「原発は危険で、なくすべきだ」と感じている人々が安心して声

をあげることのできる場が確保されていなければなりません。それがなければ人々の反原発の意思は孤立し、原発ゼロの希望は霧消し、再び原発安全神話に侵食されてしまいます。

テントに足を踏み入れないにしても、九電本店前の渡辺通りを車で走りながらテントを目にして、脱原発の運動は連綿として続いているのだと確認して、原発安全神話の拡大にストップをかける契機にしてもらいたいと思っています。

「テント・ひろば」は小さな点にすぎないのですが、通りがかりの人々に脱原発運動の存在を現に目にし、チェルノブイリ、フクイチの惨状を思い起こすチャンスを与え続けています。「テント・ひろば」という点が連なり一つの線となり、さらにそれが交差して幾重にも重なる反核運動を支える点でありたいとも思っています。私たちの九電本店前テントは反原発の意思を可視化し、意識化を目指す場なのです。

前のページの写真は二〇一二年秋のテントの様子と思われます。テントの上の風車は宗像から手伝いに来ていただいていた方が、五四基の原発がなくなるように、と五四の風車をテントに飾っていただいた一部です。手前右の横断幕の絵は手伝いに来ていただいている方のお子さんたちが描いたものです。

▼「テント・ひろば」の変化と現在

「原発いらない」を染め抜いた黄色い旗を周囲に五本も六本もめぐらした脱原発テントは九電本店正面玄関前に立っています。九電正面のドアが閉まっている時には、その大きなドアに「テント・ひろば」も「原発さよなら」の旗も映っています。下の写真がその様子です。九電の方を見ながら前の道路を通っている人はドアに映ったこれらを見て、「九電は脱原発に舵をきった」と思うかもしれません。あるいは「九電は脱原発グルー

プに占拠された！」と錯覚するかもしれません。いずれにしても脱原発テントは九電本店前に立ち続け、九電の喉に突き刺さった平和的にして抜きがたい小骨です。

下の写真は二〇一八年七月一二日のテントの様子です。テントに掛けてある掲示板でこの日はテント開設以来二六四〇日目で、テントを開いているのは一五八八日目だと分かります。二張りのテントのうち左側のテントに下げているのは西山進さんの筆になるイラストと「九電消費者株主の会」会員のKさんの鮮やかな刺繍とテントスタッフMさん作成の横断幕です。この時にはテント周辺に立ててある旗のモットーは「玄海・川内原発いらない！」に変わっています。次ページの写真は二〇二〇年九月のテントの様子です。テントの中を風が吹き抜けています。

このように九電に突き付けられた小骨である「ひろば」は九年間の間に外見は変わりましたし、開設曜日も時間も変わりました。発足当初は土曜日と日曜日以外の週日五日開設していました。サラリーマンの人は週日には来られませんから、設営と片づけのために朝夕来られる方は主婦の方や定職のない方や退職した方に限られます。そのような理由で来られる方が次第に少なくなって、週四日になり、週三日になり、二〇一七年秋からは火曜日と木曜日の二日になりました。さらに二〇一八年秋からはテントは週一回になりました。週二日開くのは手伝ってくれる方への負担になってきたのです。さらに二〇二〇年四月と五月は新型コロナウイルス禍のために休みました。六月に再開したのですが、時間も一一時から一時までと短縮しました。一〇月以降は立ち寄っていただける時間を考えまして午後一時から三時までの二時間開いています。

テントの向こう側は地下鉄出入口です。
2011年４月のテント開設時からテント手伝いを続けていて、９周年記念メッセージもいただいた横田つとむさんが今日も朝のテント設営を手伝っています。

▼テントでの作業

二〇二〇年六月以降はテントを開設している時間は週に一日二時間ほどですが、ここではそれ以前の午前一〇時から午後三時までの約五時間開設していた時期の様子を説明します。

テントを開ける日には朝九時過ぎにテント設備一式を載せた軽トラを運転して家を出ます。九電本店前には一〇分ほどで到着します。一〇時前から三、四人、時には五、六人の方が順次集まって来て三〇分ほどでテント二張りを立ち上げます。テントの周辺には韓国からの連帯の横断幕、上にメッセージを紹介した長崎の被爆者で漫画家の西山進さんの筆になるイラストの布、テント開設以来手伝っていただいている船津康幸さんがラミネートで作成する最新の原発関連ニュースなども飾り付けます。

立ち上げが終わるとテント内のいすに座ってコーヒーを飲みながら原発関連ニュース、政治全般、国際問題、原発関連裁判の出来事や判決などについて意見交換をしたり、世間話をしたりします。原発についてだけではなく、平和運動、沖縄の基地問題、人権や差別や現今の政治状況に詳しい方もいるのでそれらに関する出来事、講演会や集会に参加した方からは講演会の様子など多様な話題が出てきます。ほとんどの人は何らかの運動に参加しているので、その団体の催し物の宣伝やチラシ配布や署名の依頼もよく出る話題です。政治家の失言やレベルの低い発言や振る舞いも格好の話題です。残念なことにこの種の話題は絶えることがありません。各種の選挙の時には、各候補者が原発の問題をどうとらえているかをめぐって話がはずみます。

　このような情報交換の時間が終わるとほとんどの人はテントを後にします。残るのは私を含めて二、三名、時には一名だけです。テントや横断幕の補修をする人もいるし、所用のために一時的にテントを留守にする人もいます。しかしテントが無人になることはありません。

　テントが開いている間にはいろいろな人が立ち

テントの飾りつけをする私・青柳（向う）と舩津康幸さん（手前）

寄ります。道を聞きに立ち寄るお年寄りもいます。ひところは道を尋ねる外国人がよく来ていました。テントの前のテーブルに置いてある賛同者ノートに記名していただく方もいます。テントにいる人はその時には必ずテントから出て反原発の理由や想いをお聞きします。何かのニュースでテントのことを聞いていて、福岡に来たので記名に寄った、と言うビジネスマンもいるし、通りかかったので賛同します、と言う近くの住民もいます。カンパ箱にお金を入れるだけで、話しかけようとしても手を振って通り過ぎる中年の女性もいます。時にはテントを長いこと眺めているので声をかけると、「原発がなくなったらどうするつもりだ」と原発必要をとうとうと述べる方もいます。「もう自分はソーラーの設置費用の元は取ったので、九電に何でも言える。原発はいらない！」と力説して握手を求める中年の男性もいました。

午後二時過ぎには後片付けの人が集まって来ます。朝と同じように五、六人です。集まってすぐ片付け始めるのではなく、朝と同じように三〇分くらいは情報交換をします。朝とは違う人が来ていると、その人が提供する話題が中心になります。間もなく片付けを始め、テントその他を軽トラにしっかり載せて三〇分ほどで終わります。三時半前には「それじゃ、また！」と別れます。

▼歌もつくるし差し入れもあります

朝の設営や夕方の片づけには来られない方々がお一人で、時には数人で訪ねて来てくれる日もあります。来てくれる時にはほとんどの場合何らかの話題を持っています。様々な裁判での判決への評価や集会の情報や原発やエネルギーをめぐる話題です。テント内ではそれで意見が交わされます。差し

きみへ　～さよなら原発！福岡～

1
きみのえがおに　あいたくて
ぼくはそらを　みあげている
このそらは　きみへとつづく
あしたへの　きぼう

きみがまよったら　ここからはじめよう
きみのてをとって　さあ　あるきだそう

きみのえがおに　あいたくて
ぼくはそらを　みあげている
このそらは　きみへとつづく
みらいへの　ねがい

2
きみのえがおに　あいたくて
ぼくはうみを　みつめている
このうみは　きみへとつづく
あしたへの　ゆうき

きみがまよったら　ここからはじめよう
きみのてをとって　さあ　あるきだそう

きみのおがおに　あいたくて
ぼくはうみを　みつめている
このうみは　きみへとつづく
みらいへの　ねがい

入れに来る方もいます。夏だとペットボトルのジュースや水、時にはアイスクリームもあります。冬には焼き芋や饅頭などです。旅行に行った、と旅先でのお土産をいただくこともあります。

テントで歌をつくって歌っていたこともありました。いわば「テント・ひろばから生まれたオリジナル曲」というところです。その一つが「きみへ　～さよなら原発！　福岡～」です。その歌詞がテント開設一〇〇〇日を記念して二〇一四年三月一一日に発行された「『原発とめよう！　九電本店前ひろば』一〇〇〇日記念」パンフレット（発行：「原発とめよう！　九電本店前ひろば」青柳行信）に掲載されています。再掲します。

▼反原発メールマガジン発行

テントを張った日は自宅に戻るのは四時前です。それから孫の保育園迎えや家の内の諸事をして時間が過ぎていきます。翌日は朝四時過ぎ、遅くても五時には起床して脱原発の情報メールマガジン「原発とめよう！九電本店前ひろば」を編集します。このメルマガは「テント・ひろば」開始直後から発行し始めたもので、テントの前に置いてある賛同者名簿にお名前を記載していただいた方々と、私が所属している各種メーリングリストに毎日送っています。この賛同者は二〇一一年五月には約六〇〇人でしたが、二〇一三年秋には約三〇〇〇名に増えました。そして二〇二〇年一二月現在では約五〇〇〇人の方々に送っています。

このメルマガ用に一日に二〇通以上の投稿がメールで寄せられているので、起床後すぐに掲載する情報を選び出し、掲載できる体裁に整えます。夜が明けるころにはやっと編集が終わり、毎朝七時から八時の間に発送します。これは毎日の発行なので、二〇二一年二月末には三六〇〇日目を超えました。

このメルマガのタイトルは「原発とめよう」ですが、内容は反原発に関する全国の情報だけではありません。近年では韓国での慰安婦問題、徴用工の問題、沖縄での基地増設の問題、オスプレイ配置や基地拡張などに関する政治的なテーマの投稿もありますし、ヘイトスピーチなどの人権問題へのコメント、平和の集会などの案内もあります。これは投稿していただいているメルマガの読者が広いテーマに関心を持っていることを反映しているのですが、投稿者自身が読者はいろいろな社会問題に関心を持っていることをご存じで、できるだけ多くの方々にそれらの問題について知ってもらいたい

Seit April 2011 gibt es in Fukuoka, der größten Stadt auf der japanischen Süd-Insel Kyushu eine antiAtom-Dauer-Präsenz; und zwar direkt vor der Hauptverwaltung von Kyuden, einem der großen Energieversorgungsunternehmen. In Deutschland würde mensch vielleicht Mahnwache dazu sagen, hier verwenden die Aktivistinnen dafür die Bezeichnung Zelt-Agora.

Yukinobu Aoyagi, Leiter der Zelt-Agora, berichtet über ihre Entstehung und darüber, wie es gerade aussieht.

Datsu Genpatsu!

von Yukinobu Aoyagi

David gegen Goliath: mit den bescheidenen Mitteln sozialer Bewegung geht die Agora in Konfrontation mit einem der wirtschaftlichen Riesen Japans

という願いが強いからでもあります。

なおこのメルマガは私のブログ「あおさんたより」（https://blog.goo.ne.jp/aoyaji72）でも閲覧していただけます。ブログとメルマガの内容は同じですから、このブログにアクセスしていただきますと多彩な投稿の様子を見ていただけます。

▼「ゴリアテに立ち向かうダビデ」

私たちがこの「ひろば」を開いて約二年後にドイツの反核雑誌AAA（Anti Atom Aktuell）233（二〇一三年五月）号がDatsu Genpatsu！（脱原発）というタイトルでテントの活動を紹介してくれました。上の写真はその冒頭の部分です。

右側に掲載されている写真はその頃のテント内の様子ですが、その写真の下には「ゴリアテに立ち向かうダビデ：社会運動のつつましい手立てであるアゴラが日本の経済巨人に立ち向かっている」と説明しています。アゴラは「ひろば」を意味していることは前に述べました。どなたでもご自分がゴリアテに立ち向かうダビデに譬えられたら畏れ多いことと限りないと思われるでしょう。

私たちも同じです。しかし、私たちの小さな「テント・ひろば」が大きな九電ビルの前に実に「つつましく」立っているのは事実です。

左の写真は九電本店前ビルの前を通る道路の反対側から見た九電本店ビルとテントです。中央下方に街路樹と湾曲している地下鉄の出入り口にはさまれて「テント・ひろば」の旗や横断幕が小さく見えます。言われてみると、巨大なビルの前に立つ二張りのテントは「巨人に立ち向か」っている観があります。

「九電さん、フクシマの風化は許しません、原発の現状を直視すれば廃炉以外の途はないのです」と私たちは九電本店を通る人たちにも目に見える形で訴えています。そして多くの人々がDatsu Genpatsu！の意識を持ち続ける手助けをしています。「テント・ひろば」の働きは可視化と意識化なのです。

私たちはダビデのように小石を持ってはいません。しかし小さなテントがあります。そしてメルマガもあります。それらが大きな九電の原発推進方針を少しずつ侵食して、九電が理論的にも経理的にも破綻してしまっている原発依存体制からの撤退を一刻でも早く決断することを願っています。

▼支援者からのメッセージ

この第一章は脱原発テント「原発とめよう！九電本店前ひろば」開設九周年記念誌的な性格も持っています。「テント・ひろば」の「今まで」と「今」を整理してみようという趣旨です。私がメルマガを発行していることを前に述べましたが、そのメルマガに二〇二〇年四月二〇日から九周年に際して支援者からいただいたメッセージを掲載していました。

九周年記念のメッセージですから「テント・ひろば」を激励していただいているのですが、「ひろば」以外での私の今までの人権擁護の活動に触れていただいてもいます。私の活動を評価していただいているので、個人としては再掲するには面映い表現もありますが、反原発テントへの支援であり、激励ですので、以下にメルマガから転載します（転載に際してメルマガ掲載時とは体裁や表現などを変えた箇所があります。それは電子媒体と紙媒体との違いに基づく変更であったり、誤解を避けるために表現に手を加えた方がよいだろうと判断される箇所です）。

メッセージの掲載順は寄稿者のお名前の五十音順にしました。また、各メッセージ末尾にメッセージのメルマガ掲載日と寄稿者の簡単な説明を加えました。なお、このメッセージをいただいたのは二〇二〇年四月で、その頃は安倍晋三首相が在職中でした。安倍首相退陣表明は二〇二〇年八月下旬でしたので、それにご留意して各氏のメッセージをお読みください。表記などは原文のままです。

一〇年目を迎える「原発とめよう！ 九電本店前ひろば」に寄せて

池永修（弁護士）

二〇一一年三月に発生した福島第一原発事故は、私の弁護士人生にとって大きな転機となりました。

ここ九州では、地域社会とそこに暮らす人々の生活を根こそぎに破壊した原発事故の被害を目の当たりにした多くの弁護士が、これまで原発という存在を許してきたことへの強烈な自戒を胸に、九州電力玄海原子力発電所と川内原子力発電所の再稼働を差し止める裁判を構想しました。九州各県から総勢一五〇名を超える弁護士が名を連ねた空前の規模の弁護団（故板井優弁護団共同代表）が結成され、圧倒的な世論を背景に国の原子力政策を転換することを目指す「原発なくそう！ 九州玄海訴訟」への参加を市民に呼びかけました。この呼びかけに史上最大規模の一万人を超える市民が原告に加わり、今も佐賀地裁でたたかいを続けています。

私もこの弁護団に加わり、同年代の弁護士たちとともに被災地を巡るなど、原発がもたらす被害の実態を学んでいましたが、その最中に出会ったのが、元原発労働者の梅田隆亮さんでした。一九七〇年代に敦賀原発、島根原発の定期検査に従事して放射線に被ばくし急性心筋梗塞を発症した梅田さんの労災認定を求めるべく「原発労災梅田裁判」弁護団（椛島敏雅弁護団長）が立ち上がりました。

裁判では、高度成長を支える電気を生み出すため労働者を人柱にしてきた原発という科学技術の非人道性を明らかにし、口頭弁論には毎回、多くの市民が傍聴に駆け付けました。市民の声に呼応するように、九州はもとより全国各地の科学者が梅田さんの裁判を支えました。六年半に及ぶ裁判は最高裁で敗訴が確定しましたが、梅田さんが狼煙を上げた原発労働者のたたかいは全国に飛び火し、今もたたかいが続けられています。

これらのたたかいを進める中で多くの市民と出会い、そこにはここ九州に避難してきた原発事故の被災者・避難者の姿がありました。「原発なくそう！九州玄海訴訟」弁護団の有志と福岡県弁護士会災害対策委員会の有志とで「福島原発事故被害救済九州訴訟」弁護団（吉村敏幸弁護団長）を結成し、福岡地裁に提訴しました。もう二度と自分たちのような被害者を生み出したくないとの願いを込めた全国一万人を超える被災者・避難者のたたかいは佳境を迎えており、九州訴訟も二〇二〇年六月二四日に一審判決が言い渡されます。

このような市民のたたかいの中心には、市民のたたかいを支える結節点として、また、私たち弁護士と市民を繋ぐ架け橋として、いつも「原発とめよう！九電本店前ひろば」がありました。

この宝のような「ひろば」を、長きにわたって支え、守ってこられた青柳行信村長をはじめとする市民の皆さんに、心からの敬意と連帯の意を表します。

この社会が再び大きな困難に直面したとき、市民のたたかいを支える新たな「ひろば」が再び生み出される、そう確信しています。

（二〇二〇年四月二三日掲載。池永修弁護士にはいろいろな活動の局面で相談させていただいています。メッセージでは私が事務局長を勤めていた「原発労働裁判・梅田さんを支える会」の支援対象である梅田裁判の位置づけを詳しく述べていただいています。梅田裁判確定後に有志がこの会の長年にわたる会報を合冊して「梅田原発労災裁判六年半のたたかい記録集」を公刊したのですが、池永弁護士はこれについてもご尽力いただきました。私は一万人訴訟「原発なくそう！九州玄海訴訟」（佐賀地裁）の二〇一五年一二月一八日の裁判で原告側意見陳述をしましたが、池永弁護士はこの裁判についても詳しく説明していただいています）

ご苦労さまでした、ありがとうございます！

奥道直子（在ドイツ）

二〇一一年四月二〇日に誕生した「原発とめよう！九電本店前ひろば」の反原発運動は、この四月で九周年記念日を迎えるのですね。私の孫の一人はいま九歳です。この孫が誕生してからの九年を思うと、長い年月です。そして毎日欠かさずメール配信されている「青柳通信」。この「通信」を日本の知人から知り、私にも送ってくださるようお願いをしたのは、確か二〇一三年秋のことだったと思います。

「青柳通信」を通し日本各地における反原発運動を知り、ある一時期は積極的に「通信」への投稿で、また集会に参加するなどの行動で連帯させていただきました。今は、受け身の姿勢が続いて久しいですが、日毎に届く「青柳通信」に感謝しております。というのも、この「通信」をとおし、その時その時の日本の「緊急事態問題」に関するその道の専門家・門外漢など多くの方々の意見を知り、学ぶことが多々あるからです。そのような場を提供されていることに今の「青柳通信」の意義があるのかな、と考える昨今です。

二〇一五年は「安保関連法案問題」および「憲法問題」、二〇一七年は「参議院選挙」、二〇一七年~二〇一八年は「モリカケ問題」。これらに真剣にとりくんだ時々を鮮やかに思い出します。そしてこの小文を書いている二〇二〇年四月は、「新型コロナ・ウィールス危機」です。

イタリア、フランス、スペインなどの「ロックダウン宣言」、ドイツの「接触・外出制限令」、日本の「緊急事態宣言」。まるで魔法使いの杖の一振りであるかのような各国政権の一声で、時計が一瞬の間に止まったかのようになり、喧噪の都市は静寂に包まれ、道路から車の姿が、空から飛行機の姿が消え、虚しく長年、専門家

2015年3月ドイツの街頭で「テント・ひろば」を紹介している様子

たちが警告していた緊急事態である「気候変動」の抑止に向けてCO_2排出削減が一瞬の間に実現する、という全く予想だにしていなかった出来事を経験するただなかにいる私たちです。そのような中にあって私は希望するのです。「コロナ危機」もいつかは収束するでしょうから、その時には、新しい生き方が、ライフスタイルが、今の社会・経済活動の中核にある世代の人たちの中から、また、Fridays For Future 運動を生み出した若者たちの中から生まれ出されることを。なぜなら、このようなまさに世界がひっくり返ったような史上初めての経験が、なんの知恵も、変化も残さずに、「コロナ・ウィールス危機」以前と同じ世界に戻るとは思えないからです。

ならばいつの日か、これも世界の誰一人として予想だにしていなかった方法で、ときには虚しく思われながらも長年活動してきた人々の願い、「この地球上から原発が姿を消すこと」、が、「まるで魔法使いの杖の一振りであるかのような各国政権の一声で」、実現しない、と誰が言えますでしょうか。そのような「まぼろし」を、「希望」を、それぞれの心の中核に抱いていようではありませんか。

ご苦労さまでした、ありがとうございます!

(二〇二〇年四月二四日掲載。二〇一五年三月に私はドイツ、フランクフルト近郊の小さな町で開かれた「エネルギーの変換——核から持続可能なエネルギーへ」で「テント・ひろば」について報告講演をしました。奥道さんは私にこの集会を紹介していただいたのをはじめ、主宰団体への私の紹介、出席の費用などに尽力していただきました。)

それから帰国した後ですが、二〇一五年三月二六日に奥道さんから、テント広場協力者によるドイツ語訳「テント広場紹介記事」がドイツの人々の手に渡っている、二〇一一年三月一七日以来町の中央広場で毎第一月曜午後六時から原発警告の集会がある、ドイツでは福島のことを忘れてはいません、という旨のメールとともに私たちが街で行った「テント・ひろば」紹介行動の写真を送っていただきました。そのうちの一枚を紹介します。奥道さんのメールに書かれている「テント広場紹介記事」は三四ページに冒頭部分を記載してある反核雑誌AAAの記事です。奥道さんは今もドイツで活動されています)

一貫して「可視化」と「意識化」を続ける青柳行信さん

川崎陽子（在欧環境ジャーナリスト）

「九電本店前テント村」が、二〇二〇年四月二〇日に九周年を迎えました。テント村村長の青柳さんに初めてお会いしたのは、二〇一五年三月にドイツのフランクフルト郊外で開かれた、脱原発活動を続ける宗教関係者の国際会議でした。

その時の私のメモを見ると、青柳さんの発表内容は「一万人集会をやった。今年も計画。『可視化』として運動をつくっていく。テントの中から全国から集めた情報を五〇〇〇人に発信している（『意識化』）」とあります。テント村が二〇一六年一〇月一〇日に二〇〇〇日目を迎えた時の様子を報告した

2015年３月ドイツの国際会議での講演（川崎陽子さん撮影）

一一月一日「オルタナ」誌の記事にも、この二つのキーワードが出てくるので、一部抜粋します。

「九電本店前テント村」が誕生したのは二〇一一年四月二〇日だった。市民が公開説明会を開くよう申し入れたのに対し、回答がないまま期限を迎えた日だ。その日以来、市民たちが二四時間体制で抗議の座り込みを始めた。一ヵ月後に遠方の仲間が各地の活動に戻っていった後も、地元メンバーの世話役として、許可を得て平日の昼間にテント村を設営する村長を務めている。（中略）それ以来、「原発のない世界で暮らしたいという意志を風化させないため」、一貫して「可視化」と「意識化」を続けている。

横断幕を張ったテント村という目に見える存在が、「可視化」である。情報を提供し原発廃止の賛同者を募りながら、引きこもりだった人や、通りがかりに病気の相談や介護のことなどを話していきたい人々が集う「ひろば」の役割も担うようになった。

「意識化」のためには、毎日届くメッセージや情報をまとめて国内外の五〇〇〇人に、一日も欠かさずメールを発信してきた。テントに来られなくなった人たちも「メールのおかげで意識がテントに向いています」と言ってくれる。

川崎さんが 2016 年 11 月 1 日号の「オルタナ」誌に「九電本店前テント村に立つ青柳行信さん」と紹介していただいた写真です。

青柳さんが揺るぎない意志を込めて書き続けているメールは、九周年目にはおよそ三三〇〇通に達しています。五年前のドイツで、会場からの質問に青柳さんは「核武装をしたいと安倍晋三首相（二〇二〇年四月現在も在職中）は、はっきりと述べている。日本政府は核抑止論を捨てていない」と答えておられました。

次の国政選挙では、「可視化」と「意識化」の集大成として、今度こそ世界の核兵器と原発の廃絶を目指す政権を、誕生させましょうね！

（二〇二〇年五月三日掲載。川崎さんはドイツにお住まいですが、帰国のたびに娘さんと一緒にテントに来ていただきました。現在ではコロナ感染症に関連する記事が多いのですが、ドイツからさまざまな情報を発信し続けていらっしゃいます。その様子は私の（メルマガと同文の）ブログ「あおさんたより」https://blog.goo.ne.jp/aoyaji72 に投稿していただいています。ご覧ください）

新型コロナウイルス禍と原発大事故

河合弘之（脱原発弁護団全国連絡会共同代表）

現在（二〇二〇年四月一五日）、日本中、世界中がコロナ禍の渦中にある。そのほかのニュースは有って無きが状態であり、原発のことなど政府、経済界、メディアそして国民の頭の中から消し飛んでいるように見える。新聞やＴＶに原発のゲの字も出てこない。しかし、それでよいのか。このコロナ禍の最中に原発重大事故がおきたらどうなるのか。想像力を働かせるべきである。

コロナ対策の要諦は三密すなわち密集、密着、密閉を避けることである。そして人の移動を抑えこむことである。原発重大事故の被害抑制は、いち早く遠くに避難することである。早急に移動し、避難所で被ばくを避けなければならない。避難では多くの人が移動し、避難所では人は密閉空間に密集し密に接触しあう。コロナ禍と原発重大事故では全く真逆のことをおこなわなければならない。まさに進退が窮まるのである。大混乱、大破局がおきるのである。このような非道いことにならぬようにするにはどうしたら良いのか。それは全ての原発を停止し、廃炉にしておくしかない。これでまた、脱原発をすべき理由がひとつ加えられたことになる。このことは九州には特に強くあてはまる。福岡県はコロナ禍の緊急事態宣言の対象とされ、他方九州には玄海原発と川内原発があるからだ。今日、玄海原発が重大事故をおこしたら九州北部は阿鼻叫喚の地となろう。九州電力は今、得意の絶頂にある。関西電力が原発マネー不正還流事件でコケたおかげで電気事業連合会会長の席がころがりこみ、原発は「順調」に稼働し、夏の好天気時には太陽光発電の出力抑制をして原発擁護の「手本」を全国に率先垂範しているからだ。

そういう時期だからこそ、一層、「原発とめよう！ 九電本店前ひろば」の意義は重要なのだ。圧力をかけ続けてほしい。世界のエネルギー事情は「脱CO_2、その手段は自然エネルギー」に加えてさらに「自然エネルギーは目茶苦茶もうかる。だからやらないと損だ」という大きな流れになっている。しかもＩＴ、ＩｏＴ（インターネットオブシングス）、ＡＩ（人工知能）という超先進的テクノロジーと自然エネルギーの組合せによって産業大革命がおきようとしている。美しく、安全で、環境に優しく、豊かな、人を倖せにする社会がもう目の前にきているのだ。それにあえて目をそむけ「今だけ、金だけ、自分の会社だけ」とばかりに原発を推進しているのが九州電力を筆頭とする原子力ムラ、そして経団連なのだ。いや、彼らは多分そのことに気づいている。「このままでは世界から取り残され、経済が沈没してしまうかもしれない」と。でも最初の一歩が踏み出せないのだ。だからこそ我々がその一歩のあと押しをしてやる必要がある。自然エネルギーとハイテクの組合せによる産業構造の根本的改革をすれば、そのリーダーシップを取り、正当な利益を得るのは電力会社だと思われる。その方向に九州電力を筆頭とする電力会社を誘導しなければならない。そのためにも、「原発とめよう！ 九電本店前ひろば」の運動は必要だ。コロナ禍にふきとばされずに粘り強く運動を続けよう。

「継続はチカラなり！」

（二〇二〇年四月二二日掲載。河合弘之さんは「逆襲弁護士」、さらには人権擁護や反原発の弁護士として、加えて映画監督としても知られています。私が河合弁護士と直接の接点を持ったのは二〇一四年八月の原子力委員会による川内原発再稼働認可を取り消す行政訴訟を提訴しましょうというご提案の電話を二〇一六年五月にいただいた時です。このご提案により二〇一六年六月に原告三二名で福岡地裁に川内原子力発電所設置変更許可取消請求事件の提訴をしました。この裁判は一八年六月に請求棄却、同月控訴して、現在は福岡高裁での審理が続いています。河合弁護士は原告弁護団の共同代表です。今お一人の共同代表は海渡雄一弁護士です）

九電本社前テント九周年、ありがとうございました。

小出裕章（元 京都大学原子炉実験所助教）

一　闘い続けること

九電本社前テントが九周年を迎えたのですね。長く地道な闘い、お疲れさまでした。九年と口で言うのは簡単ですが、さぞかし大変なこともあったはずと思います。それでも、諦めずに闘い続ける力、大切なものと思います。ありがとうございました。

二　エネルギー自給

原子力推進派は、日本のエネルギー自給率が低いことが問題で、自給率を上げるために原子力発電を推進すると言ってきました。しかし、原子力発電の燃料であるウランは一〇〇%、完璧に輸入です。それなのに、なぜ原子力発電が自給率向上に役立つのかというと、高速増殖炉を中心とする核燃料サイクルを実現させ、プルトニウムを生産して、それを燃料に使うからだと原子力推進派は言ってきました。「純」国産ではないけれど、「準」国産なのだそうです。しかし、その高速増殖炉は、原型炉のもんじゅが一兆円以上の資金をつぎ込みながら、何の成果も得られないまま廃炉にすることが決まりました。つまり、原子推進派の主張は全く実体のない、単なる空想だけのものです。

三　再生可能エネルギーへの転換

日本というこの国、明治以降、欧米に追い付け追い越せとばかり、ひたすら自然を破壊し、カネ儲けに邁進してきました。原子力もカネ儲けの道具です。その日本の中でも九州はまだ自然が豊かに残されている地域です。太陽光発電も着実に広がってきています。しかし、フクシマ事故以降、一度はすべての原発が停止しましたが、九州電力は川内原発一、二号機、玄海原発三、四号機をいち早く再稼働させました。そして、電力需要が少なくなっても原発の運転を続けるために、なんと太陽光発電の電気の受け入れを拒否するという暴挙に出ました。エネルギー自給率を高めるためには、原子力にすがっていてはだめで、太陽光発電など再生可能エネルギーをこそ育てなければいけません。

四　フクシマ事故

　東京電力福島第一原子力発電所事故からすでに九年以上の歳月が流れました。事故当日、原子力緊急事態宣言が発令されましたが、その宣言はいまだに解除できないままです。一〇万人を超える人が突然、生活を根こそぎ破壊されて流浪化しました。余りの辛さに命を奪われる人、自ら死を選ぶ人が後を断たず、原発関連死は二〇〇〇人を超えています。それだけではなく、東北地方、関東地方の一万四〇〇〇平方キロメートルに及ぶ地域が、法令を守るなら放射線管理区域に指定して、一般人の立ち入りを禁じなければいけないほどに汚染されました。しかし、日本の国はその汚染地域に数百万人もの人々を棄ててしまいました。こんなに膨大な被害と被害者を出したにも拘らず、加害者である東京電力、そして国策民営のもと原子力を暴走させてきた国は誰一人として責任を取りません。どんな悲惨な事故を起こしても誰も責任を取らずに済むことを学んだ九州電力は、最先頭に立って原発の再稼働に走りました。そんな九州電力の暴走を止めるためにも、九電本社前テントの皆さんの変わらぬご活躍をお願いします。

（二〇二〇年四月二一日掲載。小出裕章さんは原子力工学の専門家で、その脱原発についての活動はよく知られています。複数の団体で共催した福岡での反原発集会で講演していただいたこともありますし、「テント・ひろば」の一〇〇〇日記念のパンフレットにもメッセージをいただいています）

「原発とめよう！ 九電本店前ひろば」も開設九周年になりましたネ。

島田雅美（大分）

毎日メールありがとうございます。

四月二〇日で「原発とめよう！ 九電本店前ひろば」も開設九周年になりましたネ。

ご苦労さまデス！ 一〇年目も、コロナに負けずにお互い頑張りましょう。

大分支社前も毎日元気で抗議のスタンディングを続けています。自粛自粛の不気味な中を私たちはいつも通り「原発いらない！」毎日抗議行動を続けています。二六日はチェルノブイリ原発事故を忘れないためにも、一日中行動三一九二日目を行います。

日時：四月二六日（日）一〇：〇〇～一六：三〇
場所：九州電力大分支社前（金池町）

なお、スタンディングの間、一三：〇〇～一四：〇〇は「原発いらない！ だれでもデモ」も予定通り行います。参加者はマスクをして、三密を避けて、コロナウィルスに気を付けながら、こんな時だからこそ、しっかりと「原発いらない」を訴えていきましょう。

ひとりひとりの力で「ものも言えず、何も書けず、表現できず、行動できない」世界をつくらないためにも、できることからまずやってみましょう！

（二〇二〇年四月二六日掲載。フクイチ後すぐに島田さんは大分で仲間と九電大分支店の前で抗議のスタンディングを始めて、現在も続けていらっしゃいます。立たないのは一月一日、二日だけです。それ以外は大晦日もお盆も一年三六三日（四年に一度は三六四日）、九年半スタンディングを続けています。間もなく一〇年になります。その様子はメッセージの文中からもうかがえます。そしてスタンディングの際に必ず手書きの要望書、抗議書、質問書、申し入れ書などを九電に提出しています。

これは、継続する可視化と意識化の見本のような行動です。また、島田さんは福岡での脱原発の集会、いろいろな団体による九電本社への申し入れ、川内原発への認可取消を求める裁判、六月下旬の九電の株主総会などには朝早くから福岡まで仲間と駆けつけています）

「九電本店前ひろばテント」が一〇年目を迎えるのを記念して

永島昇（脱原発・放射能汚染を考える北摂の会）

青柳さんが、九州電力本店前にテントを立てて一〇年目を迎えます。おそらく青柳さんも、九電本店前で九年間も座り続けることは想像だにされていなかったと思います。しかし残念ながら、青柳さんが対峙される九電と、私が闘う関電は原発再稼働の中心となっています。お互いに、まだまだ闘いは止めることは出来ません。

東日本大震災の想像を絶した地震と津波によって、福島第一原発事故が発生し、水素爆発による建屋の崩壊、放射線による地域の汚染と大量の住民の被曝が起こりました。私はこれを契機に、「脱原発・吹田の会」（後に北摂の会）を立ち上げ、「全ての原発を廃炉に！」「被災者の被曝を最小限に！避難の権利獲得」「東電と政府の責任の追及」のために、職場の友人、地域の友人、小学校から大学までの同窓生に呼びかけました。まず提起されていた署名運動に参加することから開始しました。いままで反原発運動に参加してこなかった友人の多くが署名を集めてくれました。

盛り上がった運動をどのように持続するのか、集会や行動への参加を呼びかけ、運動の成果を共有するために、「脱原発・北摂の会」として「脱原発のニュースレター」の発行を開始しました。第一号の発行は、青柳さんが「九電前テント」を最初に立てられた九日後の二〇一一年四月二九日でした。超小型のミニコミ紙ですが、毎週開かれていた関電前抗議集会、毎月のように呼びかけられた反原発行動、東京や福島そして全国、全世界で展開される運動の報告をニュースに掲載することで、狭い範囲ですが、反原発と廃炉への確信を広めることが出来たと思います。

二〇一二年の一〇月一八日（開設五四七日目）に、「九電本店前テント」を訪問させてもらいました。それ以来何度か訪問し、また青柳さんが大阪での集会に参加された時などにお会いすることもありました。青柳さんの固い信念、そして厳しい活動の蓄積をもたれながら、非常に柔軟でやさしい人柄に魅了されました。

青柳さんが、「九電本店前テント」を通じて実現されている「目に見える形での可視化が必要だ」ということ、「メイル通信」を通じて展開される「日常的な意識の継続と強化が必要だ」ということは、運動を活性化し持続するためには非常に重要なことだと思います。私たち「脱原発・北摂の会」も、月二回のニュースを、何があっても休むことなく発行すること、そしてニュースでは、集会や行動の案内と報告だけでなく、日常的に原発の問題を考え、電力会社や権力の不正を暴露し糾弾する情報を、そして全国、全世界での運動の経験を交流することを課題にしています。おかげで一〇年目の二一七号はメイル送信と手渡しと郵送で二三〇通を配布し、そして「原発なくす蔵」と藤沢の友人のホームページにバックナンバーを含めて掲載していただいています。

反原発の闘いは、反安倍の闘いであり、平和を求める闘いと不可分な闘いであると思います。その観点から、私たちのニュースレターは、反原発の闘いを中心に、コロナウイルスに絡む問題まであらゆる問題について論議する場でありたいと思います。

「脱原発・放射能汚染を考える北摂の会」で検索していただきまして、「脱原発のニュースレター」をご覧ください。そしてニュースやご意見がありましたら、ニュースレターに記載していますアドレスまでお知らせください。


（二〇二〇年四月二六日掲載。永島昇さんは原発や社会に関する詳しい情報をコンパクトにまとめられて「脱原発のニュースレター」を発行しています。体裁もかなり手をかけていることが分かるユニークな通信です。私は毎号送っていただいていて、これをテントに持参して、来た方には読んでいただいています。また私のメルマガでも紹介しています。永島さんのメッセージの文中に見える「原発なくす蔵」は、正式名は二〇一七年に数人で語らって出発した「『原発なくす蔵（ぞう）』☆全国原発関連情報☆」です。毎週月曜日にメンバーが更新しています。http://npg.boo.jp/ をご覧ください）

原発反対「千日修行」は間もなく三周回です

橋本左門（「原発止めよう！九電本店前ひろば」連帯短歌「無核無兵・毎日一首」）

二〇一一年三月一一日、東日本大震災が発生し、併発した超大津波によって、未曽有に近い大原発災害を蒙ることになってしまいました。俳人である長谷川櫂さんが『震災歌集』（中央公論新社、二〇一一年）を出さざるを得なかったのは、内的に強烈なショックがあったことを予想させました。私は短歌を愛するクリスチャンとの御縁があり、市井の素人の歌会の不熱心な会員でしたが、長谷川さんに触発されて、この年の一二月二〇日に『3・11災害歌集』（いずみ企画）を出しました。

そうしているうちに、元原発技師で「原発を並べて自衛戦争は出来ない」の著者であり、民間事故調の委員でもあり、私の尺八仲間である小倉志郎さんから、青柳行信さんの「原発止めよう！九電本店前ひろば」が送られてきました。添え書きに、「できれば毎日一首送ってください！」とありました。難しいと思いつつも「義を見て為ざるは勇無きなり」と言い聞かせて、青柳さんは九電前で毎日抗議・宣伝活動を比叡山の「千日修行」の如く励行しておられる、自分は原発時事詠で「千日修行でお応えしよう」と二〇一三年七月二八日に「毎日一首」の修行を踏み出しました。

私は原水爆禁止世界大会に八年連続で参加していた時期に、広島原爆資料館前の歩道の片隅にある湯川秀樹博士の歌碑の前に毎年立ちました。

まがつびよ　ふたたびここに　くるなかれ　平和をいのる　人のみぞここは

長谷川さんはこの本歌を取って、「禍つ火を奥に蔵せる原子炉を禍つ神とし人類はあり」と詠みました（四〇頁）。「禍つ神」は数十万年単位の射程を蔵して我々をあざ笑っているかの如くであります。不眠不休で努力して、核デブリを無害化するまで、この禍つ神を笑い飛ばす（空海さんのような）宇宙力が不可欠です。

私が「千日修行」を開始してから病気、伴侶の永眠、怪我など中断がありましたが、二〇二〇年四月一九日に通算二七〇四首を寄稿することが出来ました。この日は私の八五歳誕生日でもありました。あと二九六日で三千日に到達します。もちろん記録主義ではなく、アベノミクスの壊憲と原子力による破滅政策に対峙しつつけることができたことは体力と精神の健康の賜物と感謝しています。

私自身が、一休さんにあやかって「狂歌」であると自覚しつつ詠んできましたが、以下は二七三〇日の「修行」の一つ一つでもあります（百人一首等本歌取り三首）。

方舟《はこぶね》を　準備すべきの　危機なるに　放射能まみれの　惑星をつくる
これやこの　吾が八十一の　誕生日に　「原発反対」の　一首を詠めり
伊方にも　原発汚染水　漏れ出でぬと　人には告げよ　関の釣り舟

政府の原子力規制委員会が初会合の時、座長が「原発のことはさておいて〜」と切りだしたのを哲学者・梅原猛さんが機敏にとらえて、「原発災害は『文明災』です。根本的に論じるべきです」と警告されて、その後の会を善導されました。有明海干拓事業にも問題を提起し、現地へ足を運んで、ムツゴロウの権利侵害に同情を寄せておられました。「文明災」としての原発との戦いは、寿命に抗えず、私達に残して逝かれました。汚染山河、汚染水、汚染物質（デブリ）はオンカロの無いまま、自然の中に放置に近い状態です。新型コロナウイルスは、疫学のルールに従えば「共存」は可能ですが、この「文明災」のデブリは宇宙を含めての大仕事です。政府の言う「新しい生活様式」というレベルのものではない、宇宙レベルの高次の倫理学を開筵しなければならないでしょう。
青柳信行さんの「新しい生活様式一〇周年」を記念してエールを送ります。

（二〇二〇年五月一日掲載。橋本さんは八五歳の高齢ですが、私のメルマガに連帯短歌「無核無兵・毎日一首」を毎日投稿していただいています。経緯は文中にある通りなのですが、投稿には短歌だけではなく、それを詠んだ契機となっている政治や社会での出来事へのコメントが付いています。橋本さんの視点は日本に限定されてはいません、時にはアメリカの、時にはドイツの出来事が含まれています。また、本歌取りの本歌も分かり易く説明していただいているのですが、そこではいにしえの逸話や故事も言及されています。橋本さんの胸の内には時間と空間を包摂した感性が渦巻いていると思われます。

なお、橋本さんのメッセージのタイトルは「千日修行」で「三周回」とありますが、本書校正中の二〇二一年二月一五日に投稿三千回になりました。有り難いことです。橋本さんは二〇一一年に『3・11災害歌集』を出版されたことは前記掲載文で述べていますが、二〇二〇年秋には「千日修行」投稿歌も含めた『3・11災害歌集　行方も知らぬ滝桜ちる』を出版されています）

「あきらめずに地道に闘い続ける力」

濱生正直（日本聖公会司祭・元福岡聖パウロ教会牧師）

新型コロナウイルス感染で不安一杯の二〇二〇年四月の初め、青柳行信さんから電話がありました。その電話は、「『原発とめよう！　九電本店前ひろば』開設九周年を記念して、テントひろばの経緯や現状の報告、今までの諸活動をまとめた本を出版する。その本にメッセージをお願いしたい」とのことでした。

「九電本店前ひろば」には、わたし自身の病や仕事の都合で、深いかかわりを持つことが出来ませんでした。時々、天神に用事があると、ついでに立ち寄るくらいです。メッセージを書くには、適任とは思われませんので躊躇します。しかし、二〇年近く共に市民運動をやってきた仲間として、「メッセージを」と依頼されると、断ることができず承諾してしまいます。

思えば、青柳行信さんのお顔とお名前は知っていましたが、活動を共にしだしたのは、二〇〇四年八月八日からだと思われます。イラク戦争開戦（二〇〇三年）前の二月、「人間の盾」を志願した数百人の人びとを乗せ、ロンドンからバグダッドに乗り入れたバスがありました。この行動の呼びかけ人がケン・オキーフであります。彼は米国籍を放棄した元米軍海兵隊員でありました。彼が福岡にやって来て講演をします。それが二〇〇四年八月八日でありました。わたしたちは、ウラン兵器の恐ろしさを聞かされ衝撃を受けます。そのケン・オキーフ講演会の振り返りから「核・ウラン兵器廃絶キャンペーン福岡」が設立されます。子どもたちを含む多くの人びとに癌や白血病を発症させ、自然環境を汚染し続けるウラン兵器・核兵器を廃絶する運動を展開します。その中で、身近なこととして「原発」の問題は、欠かすことのできない課題でありました。そんな折、「核・ウラン兵器廃絶キャンペーン福岡」の仲間たちは、原発労働者の梅田隆亮さんと出会います。二〇一二年、「原発労働裁判・梅田さんを支える会」が設立されますと、仲間たちは事務局的な役割を取ります。原発作業員として被ばくし、心筋梗塞になったとする労災に対する裁判でありました。裁判は二〇一八年、最高裁の上告棄却決定で敗訴し、闘いの区切りを迎えます。しかし、この裁判から被ばく労働者の裁判が、各地で展開され引き継がれていきます。

この一連の運動の中で、事務局長の役割を引き受けてくださっていたのが青柳行信さんでした。青柳さんのリーダーシップの取り方には、強引なこともありました。しかし、その強引さは、青柳さんの信念から出ていたものだと思います。

「原発とめよう！九電本店前ひろば」開設九周年、言葉では簡単ですが大変なことです。そのあきらめずに地道に闘い続ける力は、青柳さんの強い信念から生まれているのでしょう。青柳行信さんご苦労さまでした。

（二〇二〇年四月二五日掲載。濱生正直さんは福岡でのさまざまな人権運動、平和運動を積極的に担ってこられました。本書第八章の末尾に述べるイラクの市民との連帯行動も支援していただきました。さらにメッセージの文中に述べられている「核・ウラン兵器廃絶キャンペーン福岡」と濱生さんには本書の出版にご尽力をいただきました。記して謝意を表します）

青柳さんの活動、その他

横田耕一（九州大学名誉教授）

青柳さんは忙しい人である。ここ数十年、福岡関連だけをとってみても、市民運動の多くに青柳さんはかかわってきた。いまも、原発に反対する「九電本店前のテント村」の村長として、元気な笑顔で頑張っている。こうした原発廃止運動の福岡の顔として活躍する一方で、近年は福岡県の「総がかり行動」の集会の開催にも尽力しているが、とりわけ運動の成立と展開に主軸として関わってきたのが「市民連合ふくおか」である。

「市民連合ふくおか」は、二〇一五年九月に「安全保障関連法（戦争法制）」が立憲主義を踏みにじる形で、国会で可決されたことから、「安保法制の廃止と立憲主義の回復、そして憲法を尊重し個人ひとりひとりが大切にされ、暮らしを守る政治の実現」を目的として結成された運動団体である。この結成の契機になったのが他ならぬ「テント村」での青柳さんを含む数人の談話であった。そのためもあって、青柳さんは発足時から団体を切り回す役割を果たすことになり、原発反対運動で多忙であったにもかかわらず、事務局長としての役割を果たすことになった。そのとき、講演会や「憲法講座」の開催の一方、発足の際のいきさつから、さしあたっての運動の重点は衆参国政選挙を通じて安倍内閣を打倒すこと、そのために福岡県において「野党統一候補」を実現することに置かれたため、青柳さんは野党各党をまわることを積極的に引き受けることにもなった。こうした負担は青柳さんの健康に影響することもあって、事務局長を辞している。私としては青柳さんの使命感には敬服しつつ、伴侶やお子さん、お孫さんのためにも、課題を絞り、健康でいて欲しいと願っている。

青柳さんがいろんな社会的問題に関心を持ち、その課題に身を挺して立ち向かう基点には、カトリック教の信仰がある。青柳さんの真摯な姿勢としてそれは示されているが、ときにそれは一徹な形をとり、運動者には必要な資質ではありつつもときに誤解を招くことになっていることは残念である。あえてこの際いまひとつ注意して欲しい点をあげると、熱心のあまりとるべき形式やけじめに無頓着になりがちで、それは批判を招いたり、権力のつけ入る隙を招いたりする脇の甘さになっていることである。一例をあげると、知る人も多いだろうが、青柳さんは一九九〇年代はじめ、ペルーなどの外国人労働者の救援に余人のない形で精力的に取り組んでいた（このことも青柳さんの特筆すべき活動である）。このとき、会計上の形式的ミスから権力の介入を招くとともに、当時の主たる活動の場であった学校教育からの青柳さんの不当排除を結果することになってしまった。権力に抗して活動する者にはちょっとしたミスも致命傷になりかねないのである。

青柳さんももう若くはない。今後とも信念に従って、無理をしない範囲で、活動を続けることを願っている。

（二〇二〇年四月二七日掲載。本書一三八ページで述べますが、横田先生とは靖国参拝違憲訴訟の際にいろいろ教えていただいてからのお付き合いです。「市民連合ふくおか」の憲法講座でも毎回お世話になりました。先生の文中にある「ペルーなどの外国人労働者の救援」については本書の第六章と第七章をご覧ください）

九電前テント九年を超えて

横田つとむ（日本語教師）

二〇一一年三月一一日。ずいぶん前のことです。九年経ちましたが、福島の原発は「まだ、収束していません」。

初めの頃

初めの一、二ヵ月は九電前にテントを張って、何人かが寝泊りをしていました。私はカメラを持って行き、この運動を記録しておこうと思いました。毎日、カメラを持って行き、なんでもかんでも撮りました。雨の降る中でテントに何人も入って話したことを思い出します。外にスクリーンを張って、動画を映し出したこともあります。その後、テントでの寝泊まりはできなくなり、朝、テントを張って、夕方テントをたたむという方法に変わりました。

テントにはたくさんの支援者が訪れました。テントの中で語り、たくさんのことを学びました。各地の人、世界からの訪問者にも会いました。真夏はとても暑かったです。九電本店の入り口の自動ドアが開くと、涼しい風が流れてきて、一服の涼を楽しみました。雨の日は閉口しました。テントの設営と片付けの時、びしょ濡れになりました。

ブログ「あんくるトム工房」

ブログにテントの状況を書いて発信しました。「あんくるトム工房」です。写真を沢山、掲載するために、後にFaceBookも活用しました。

集会やデモがあった時などは、三〇〇〜四〇〇枚くらい写真を撮るので、帰宅してからが大変でした。パソコンに取り込んで、ブログやFaceBookで使える写真を選ばなければなりません。たくさんの写真を掲載するので掲載するのに時間がかかりました。ブログで記事を書きました。それに時間がかかるので、寝るのは深夜二時前後になりました。ブログを書いたら、それをメールで青柳さんに連絡をします。青柳さんが青柳通信で紹介してくれるのです。うっかりしてメールを送ってないと、青柳さんから、朝七時半くらいに「横田さん、メールが入ってないですよ」と電話が入ります。あわてて送ったことが、何回もありました。

テントの訪問者

テントにいると、日本中から、また、世界の国から、原発に興味を持っている人が何人も訪ねてくれました。北は北海道、福島、岩手、関東近辺、近畿、四国。世界はドイツ、アメリカ、韓国、台湾など。みんな日本がフクシマの原発事故に学ぶのかどうかを心配しています。

これが機会となって、私は二〇一九年には韓国のソウル、ハプチョン、大邱、プサンを訪れました。世界の人たちと手を取り合って、原発をなくすことや、平和な社会を作っていくことが大事だと思いました。

目に見える市民運動

九年過ぎて九電本店前のテントを訪問する人も減りました。しかし、このテントが建ち続けていることで「フクシマはまだ終わっていない」という事実と「原発はいらない」という意思を市民に伝えているのです。

訪問者は少なくなったとは言え、テントの前においてある賛同者ノートにはそっと記載して立ち去る方もいます。時には声をかけてくれて話が弾む場合もあります。「ご苦労様」「頑張ってください」と声をかけてくれて、カンパを箱に入れてくれる方もいます。みんな原発のことを心配しているのだ、を実感します。

誰かがやってくれる、ではなく、誰かと一緒にたたかっているのです。

（二〇二〇年四月二九日掲載。横田さんには、メッセージに書かれているように「テント・ひろば」開設当初からテントの朝の設営と夕方の片付けを手伝っていただいています。それだけではなく、私のメルマガに毎日短いコメントを投稿していただいています。その内容は時には世情寸評、時には政治辛評、時には旅行記、時には参加した集会への感想などです。横田さんのブログ「あんくるトム工房」（https://uncletom71.blog.fc2.com/blog-entry-469.html）には長い感想や「ひろば」の多くの写真が随時掲載されています）

第二章
神との出会い
生い立ち、迷い、カトリック信徒として生きる決意

▼生いたち

私は一九四六年に福岡市博多区の二又瀬で生まれました。JR吉塚駅から歩いて二〇分ほどのところで、現在は歩道付きの片側二車線の広い道路が通っています。この道路は新しいので道路沿いには昔からの小さな店はほとんどありません。新しい比較的大きな店が並んでいます。その大きな道から外れると工場や事務所や住宅が並んでいて田んぼや畑は見当たりません。このように今は五〇年、六〇年前の風情は残っていませんが、私が小さかった頃はのどかな田舎でした。父は、自分と従業員一人という小さな鉄工所を営んでいました。母は鉄工所では働かないで、近くの農家に手伝いに行っていました。きょうだいは四人いました。私は長男だったのですが、男性は私だけでした。後述しますが、これが私の一生にある種の影響を与えました。また家の近くには朝鮮半島からの人たちが住んでいて、私はその子どもたちと一緒に遊んだりその家に遊びに行ったりしていました。これも後の私の人権擁護運動に大きな影響を与えています。

父は鉄工所の仕事のかたわら浄土宗のお寺の墓守もしていました。その影響で、子どもの頃の私の生活は、朝起きると、先ずかまどで炊き上げたお仏飯を仏壇にあげ、線香を立て、リンをチーンと鳴

らしてお参りをして始まるのでした。現在の私の生活はキリスト教を抜きにしては語れないのですが、私とキリスト教との接点は生家や少年時代の環境などにではなく、生き方を見つめる私の成長の過程で得られたものです。

▼聖書との出会い

一九六三年、高校二年生の時ドストエフスキーやトルストイなどのロシア文学に接するようになりました。特にドストエフスキーの作品をいろいろ読みました。そこにはそれまで接したことのない聖書の言葉が出ていたので、それらの言葉に興味を持ちました。しかし生活自身は聖書とは何の関係もありませんから、聖書の言葉をより知りたいと思っても、何を手立てにしたらよいのかも分かりませんでした。そのころ私は、聖書は仏壇に揃えて置いてある難しいお経の本と同じで、簡単に読めるものではなく、神聖で触れてはいけないし、普通の人では手に入らない本だと思っていました。

そんなある日、まったくの偶然ですが福岡市の中心街天神の大きなデパート岩田屋に行って、書店に入ったのですが、本棚に聖書があるのに気が付きました。聖書は仏教のお経とは違って誰でも手に入れることが出来るのだと初めて知って驚きました。すぐに買って、読み始めました。読んでは聖書の中の言葉を、特に「愛」に関する言葉をノートに書き写しました。同じころ私はヘルマン・ヘッセの『シッダルタ』も読んでいたのですが、そこに見られる悟りによりも聖書の愛に引き込まれていきました。このように初めのうち関心は聖書の示す愛に向かっていたのですが、そのうちに関心は次第に聖書を通じて人はどのように生きるのか、何のために生きるのかを学ぼうという点に移っていきました。

▼教会に入る

　間もなく近くにあるキリスト教の教会に行きました。自分で聖書を読んでいてもよく理解出来ない箇所が次々に出てくるので、詳しい方に教えてもらおうと心に決めたのです。後で分かったことですが、そこはカナダに本部を置くスカボロ宣教会が受け持っていたカトリックの教会です。

　教会の敷地内に池があり、その池の横にマリアの小さな像が立っていました。池の傍でしばらくその像を見ていたら、尼僧が近づいて来て「何の御用ですか」と尋ねられます。これも後で分かったことですが、この教会の隣には女子修道女会「三位一体の聖体宣教女会」のカトリック保育園があって、そこで修道されている方がこの教会で奉仕活動をされていたのです。私は「尼僧」と言いましたが、教会では「修道女」とか「シスター」ということも後で知りました。私は彼女に「聖書のことを教えていただきたい」と正直にお願いしました。彼女は「それなら神父様とお話しください」と教会の司祭館に案内してくれました。このようにして私は今までとはまったく別の世界である教会に初めて入ったのです。

　会ってくれたのはマクドナルド神父さんでした。カナダからの宣教師として日本に来てまだ間もなかったそう

通っていたカトリック吉塚教会の建物

で、日本語はよくできません。「聖書の勉強をしたい」という私の希望を聞くと「これを読んでくださ い」と、まず一問一答式のカトリック公教要理の問答集を薦めてくれました。さらに、家で読むようにと数冊紹介していただき、それを貸してくれました。

その後、私は教会の図書室にあるいろいろな本を借りて読みました。信仰やキリスト教についての理解は少しずつ深まりました。同時に教会や修道会についての知識を深めることもできました。これらを学習している間に関心が、人はどのように生きるのか、もさることながら、一種の先祖返りのようなものですが、聖書全体を流れている「真の愛」を深く知りたいし、それを見極めたいというところに戻っていきました。そして私は高校三年生の時には北海道の厳律シトー会（トラピスト）修道院に入りたいと考えるようになりました。

教会敷地内の池とマリア像

▼高校卒業からM校就職まで

私は高校三年生の春、復活祭に主任司祭シュルツ神父さんから洗礼を受けました。その後に修道院に入る決心について両親や神父さんに報告しました。これには反対されました。両親の反対理由は、修道士になると生涯独身であり、青柳家の跡取りができない、これでは家のお墓が守れない、というものです。父は墓守の奉仕活動を続けていてお墓への思い入れが強いのは分かっていたので、「家のお墓を守る」という両親の言い分は理解できました。これが前に、私が一人息子だったのが私の生き方に大きな影響を持っていた、と述べた点です。

洗礼をしていただいたシュルツ神父さんからは、良き修道者になるには社会での労働の体験が大事であり、今は洗礼を受けて間もないので四年間社会で働いてみて、それでも修道士になる意思があればその時でも遅くはない、と言われました。私には神父さんの意見も納得できるものでした。これらの事情で高校を卒業してそのまま修道院に入るのは止めて、いずれは希望をかなえるために、大学には行かず労働を体験しようと日本通運吉塚駅支店での運転手として働くことにしました。

しばらく運転手として働いていたのですが、教会の方に紹介されて福岡市の福岡大学の近くにあった「御受難修道会」の「カトリック黙想の家」に雑用係りとして勤め始めました。静かな時間を過ごしたい、黙想したいと思って来られる方の受付をしたり、建物や庭の掃除をしたりしていました。その後、兵庫県宝塚市にあるこの会の本部の修道会に入り、尼崎市にあった英知大学に入学しましたが、この会の勧めもあり、東京の上智大学に一九六九年入学し直すことになりました。

受験した学部は文学部で学科は哲学科です。もう二一歳になっていました。修道会からの推薦はあったのですが英語、社会、国語の三教科の学科試験と面接がありました。無事に合格し、上智大学の学生になりました。

大学ではスコラ哲学、神学、聖書学、教会史などを勉強しました。四年生の時に両親からの強い希望があり、修道会を退会しました。それまでは修道会の寮にいたのですが、初めて下宿生活をしました。「キルケゴールとソクラテスの実存的主体的真理」というタイトルで卒論を書きました。卒業は一九七三年です。卒業間際に結婚しました。卒業後は北九州市にあるカトリック系ミッション・スクールM校に採用されて、社会科や倫理や現代社会を教え始めました。

毎朝仏壇の前でお仏飯をあげていた少年が聖書に接し、キリスト教に近づき、カトリック系の学校に就職するにいたった経緯はこのようでした。

第三章

日本社会の矛盾を知り、現実を社会に訴える

川崎製鉄による公害輸出に反対する運動への参加

▼はじめに

私は自分を、人権を侵害している事柄に対して敏感な人間だと思っています。人権は現在では、神の似姿として愛と理性や自由意志を持った存在として創造された人間が神の子として有している尊厳の一つと言われるほどにまで人間とは切っても切れない関係にあるものだと深く理解されています。

私の場合にはこれは感受性の強い青年の時期にカトリック吉塚教会で教えていただいた神父さんや信徒の方々の言葉や振舞の中で育てられたものではありますが、振り返ってみると、キリスト教に接したり洗礼を受けたりしたので人権に敏感になったというわけではないように思います。人々の生活を見る私の観方の形成は少年時代の周囲の貧しい朝鮮半島から来ていた人々のつつましい日常生活、高校卒業後に見聞した労働者の質素な生活の実態、大学時代に出会った学友の、今から見ると決した豊かではなかった中にも正義感にあふれた健気な生活ぶりなどに大きく影響されていると思われます。現在の私の見方の根底にはキリスト教があるのですが、これらの体験が愛、信頼、友愛、希望などのキリスト教から学んだ概念を実際の行動で実践する素地を整えてくれたのだと思っています。

とは言っても現在の基本的人権擁護という私の感性は一九七三年の大学卒業時に固まっていたわけ

ではありません。少年時代からキリスト教会に足を踏み入れて以降の学生生活で芽生えつつあったとは言え、卒業以来三〇年も四〇年にもわたる実践活動の中で出会った人々に教えられて、形成されていったものです。

▼「正義と平和協議会」での公害反対運動

私は一九七三年に北九州市のミッション・スクールM校で教師として働き始めたのですが、まもなく当時の大きな社会運動であった公害反対運動に参加します。それはキリスト者としての教会での活動に結び付いた運動でしたが、当時のカトリックにおける新しい提案「正義と平和協議会」の趣旨を私個人のレベルで具体化する参加でもありました。この「(日本カトリック)正義と平和協議会」について簡単に説明しておきます。

ローマ教皇ヨハネ二三世は一九六二年一〇月に第二バチカン公会議を召集します。約二四〇〇名の司教が参加しました。その前の公会議は一八六九年~七〇年に開かれた第一バチカン公会議なので、約一〇〇年ぶりの公会議でした。第二バチカン公会議は三年間続き、終わったのは一九六五年一二月でした。この間に教皇ヨハネ二三世は逝去され、教皇パウロ六世が選ばれています。この公会議での決定は以後のカトリック教会の活動に大きな影響を与え続けています。その決定に大きな影響を与えた教皇パウロ六世が公会議の二年後の六七年にバチカンに「正義の平和協議会」を設置しました。その設置趣旨を日本で実践するために三年後の七〇年に「(日本カトリック)正義と平和協議会」が設立されています。その趣旨は「貧困、抑圧、差別のなかで人間としての当然の権利を奪われ、苦しみの叫びを上げている多くの兄弟姉妹と連帯して、正義と平和のために祈り、活動」するところにあります。名称は「協議会」であったり「委員会」であったりしますが、バチカンはもちろん日本カトリックの中央にも各教区にも、さらには各教会でも「正義と平和協議会（委員会）」が組織されています。

私は「正義と平和協議会」の趣旨や各レベルでの設置を知ってすぐにこの方針は素晴らしいと思いました。そして、私にとって公害運動への参加は「正義と平和協議会」の趣旨に強調されている「人間としての苦しみの叫びを上げている」多くの人と連帯していく方向性の確認でもありました。公害運動を知ることは私にとって日本の産業構造の暗部と出合いだったのですが、公害を論ずる際には日本国内を見るだけではなく、日本の産業構造が持つアジアへの侵略性にも及ぶべきだと考えていました。「正義と平和協議会」は「人間としての苦しみ」を見つめるように求めているのですから、日本人の苦しみもアジアの人々の苦しみも同じように見なければなりませんし、そのアジアの人々の苦しみの原因が日本の公害産業にあるのであれば、まして見つめ続けなければならないと思っていたのです。

▼フィリピンへの公害輸出反対運動への参加

日本カトリック教会で七〇年代後半に、アジアの青年の声を聞こう、というテーマの集いがありました。私はその集いにカトリック福岡教区青少年会担当として参加しました。その集いで、経済学者であるとともにカトリックの司祭でもあった上智大学の山田経三教授が川崎製鉄（以下 川鉄）によるフィリピン、ミンダナオ島への公害輸出について報告しました。講演後に山田先生から参加者全員に、この問題を広く知ってもらう方策について意見が求められました。私は投稿やチラシの作成や配布などについて提案をしました。

この講演会が契機となって、カトリック教会の「正義と平和協議会」フィリピン委員会（会長は山田先生）が川鉄の公害問題や公害輸出について取り組むようになりました。私は提案を行い、それが採用されたいきさつもあり、福岡教区の「正義と平和協議会」の代表としてこの「正義と平和協議会」フィリピン委員会と行動をともにすることになりました。

▼川鉄による公害の概略

川鉄は、一九五〇年に川崎重工業から分離独立した鉄鋼会社です。千葉県や千葉市の手厚い援護があり、翌年には千葉市に製鉄工場の建設を始め、五三年から操業していました。製鉄の過程では原料である鉄鉱石と石灰とコークスを砕き、混合し、焼き固めて高炉用の原料を生産しなければならないのですが、その際にイオン酸化物、アンモニア化合物、シアン化合物、粉じん、ヒ素、カドミウム、鉛、亜鉛、タールなどを大量に発生させます。川鉄千葉工場ではこの公害源を空中と海に放出していました。空中放出された化合物などが周辺の大気を汚染し続けました。川鉄は、公害対策はしている、と言い続けており、いくつかの対策は講じてはいたのですが、その多くは生産規模に比して極めて不十分なものでした。川鉄は操業以来、我が物顔で公害をたれ流し続けたのです。

日常生活での大気汚染の影響を挙げれば、建物の雨樋に鉄粉のちりがたまり、サッシ、壁、瓦だけではなく、植木、農作物までも茶褐色を帯び、毎日の生活には欠かせない洗たく物すら自由に干すこともできませんでした。身体への影響は鼻、のど、気管支、肺に刺激を与え、じん肺症、肺ガン、慢性気管支炎、気管支ぜんそくを引き起こしました。体調への悪影響や病気も目に見えて増加しました。咳やタンがひどくなり、のどや頭の痛みは日常的な症状になりました。工場地帯の人口の一〇パーセントがぜんそくであることが明らかにされ、ぜんそくや慢性気管支炎が進行しての死者も出ます。三歳半の子どもがぜんそくの苦しみの中で犠牲となりました。死亡した一四歳の少女の肺には鉄粉が黒々と溜まっていました。彼女の死後解剖してそれが分かったのです。最終的には千葉の公害は死者六〇数人、認定患者七五〇人、潜在患者三〇〇〇人という深刻なものになり、千葉は日本で最も公害の大きい地域の一つになってしまったのです。

このような公害被害のなかで、千葉での川鉄反対の運動が広がっていきます。東京では日本消費者連盟の積極的なアピールがあり、カトリック教会の「正義と平和協議会」も運動を全国的に広げました。これらの活動により川鉄によってもたらされた公害の深刻さが次第に広く知られるようになりました。

▼川鉄によるミンダナオ島工場建設

そのような反公害運動やそれを支えている反川鉄の世論があって川鉄は工場を市内に建設することはできませんでした。しかし七〇年代に入ると川鉄は六号高炉建設を計画します。「世の中はそろそろ忘れているだろう」と踏んだのです。それを知った公害認定患者とその遺族や工場周辺の住民二〇〇人は六号高炉の操業差し止めを求めて一九七五年五月に提訴します。その第一回目の裁判で川鉄は、公害の最大の発生源である工場はフィリピン、ミンダナオ島に建設するという驚くべき方針を公表し、だから千葉市民には汚染の心配はない、と放言します。フィリピン、ミンダナオ島で年産五〇〇万トンの工場と二〇〇万トンの鉄鉱石貯鉱場を建設する計画なのです。川鉄は最大の公害源である工場をフィリピンに持って行くことにより、国内の公害批判をかわそうとしたのです。

その約一年前、一九七四年一月にフィリピンを訪問した当時の田中首相は一月七日にマルコス大統領と会談していました。その席で大統領は日本で建設できなくなった公害型産業を受け入れる旨の約束をし、その会談の三日後の一月一〇日には川鉄の社長がマニラを訪れ、工場建設の正式契約が結ばれていたのです。

▼川鉄の公害輸出と人権侵害

川鉄の工場建設はミンダナオ島北部の港湾都市カガヤン・デ・オロ市の一大工業団地造成計画の第一段階でした。造成計画地内には約二万人が生活していました。川鉄はその一部、白いサンゴ礁の散在する青い海と一面のココナツ林が続く美しい自然に恵まれている海を埋め立てて工場を建設する計画を発表します。半農半漁の生活を営んでいた一三六世帯約二〇〇〇人は公害の深刻さについては知らされないまま、住んでいる土地から約一キロ離れている海の近くの代替地へ移転する契約が提示されます。住民はそこなら畑作も漁もできると考え、移転してもいいと考えるようになりました。さらに住居も電気なども無償提供されることになっていたし、川鉄は工場には近代的な公害除去装置設置を約束していました。このような代替地の条件を示された住民のほとんどは涙金で土地を売ります。最後まで土地の強制収用に反対していた教師と弁護士がある日突然消息を絶つという出来事もありました。

　ところが川鉄は契約終了後に、公害の大きな影響を避けるために住民の居住地は七キロ以上離れなければならない、と主張し始めます。そして住民は山の上の村に強制移住させられます。ここは荒れ地でした。農業はほとんどできません。しかも提供された住居は無料ではなく、電気代も水道代も無料ではありませんでした。厳しく取り立てられます。収入はなく、支出のみの生活は成り立ちません。家賃や電気代や水道代を滞納した住民は住居から追い出されました。約束とはまったく異なる条件で荒れ地に移住させられた住民のほとんどは収入を求めて大都市へ、それもスラムに移っていく以外はありませんでした。

　川鉄の工場は一九七七年五月に本格操業を開始します。まもなく海は汚染され、魚は食べられなくなります。川鉄は約束した公害防止設備を設置していなかったのです。川鉄の工場周辺は第二の千葉と化したのです。

　このような人権侵害、公害垂れ流しを川鉄ができたのは当時のマルコス大統領による独裁に守られていたからです。一九七二年九月にマルコス大統領は戒厳令を出していました。言論や集会の自由などの基本的人権は微塵も顧みられていませんでした。この戒厳令下で川鉄はマルコス政権と結びついて大きな利益を得てきたのです。

▼福岡での私一人の抗議運動

日本での川鉄公害反対運動は引き続き行われていたのですが、ミンダナオ島でも川鉄への反対運動はひそかにですが、幅広く行われていました。福岡での反川鉄運動はほとんど私一人で担っていました。ですから福岡での川鉄抗議行動とミンダナオ島での抗議行動の接点に立つことになりました。

川鉄の福岡支店は、その頃の福岡県県庁前、今のアクロスの前の、かつては「貫線」と呼ばれていた福岡市の中心を東西に通る「明治通り」に面して建っていました。ここは今でも福岡市のビジネス中心街の一つです。私は春休みや夏休みの週日には川鉄支店へ抗議文を提出した後にこの支店前で「川鉄は公害輸出を止めよ」と書いた横断幕を街路樹などに縛り付けて、ハンドマイクでアピールしながら、呼びかけ文「海を越えたところにわれわれの友がわれわれを求めている——フィリピンへの公害輸出を訴える——」を通行人に配布していました。勤務校の仕事がある時期には週末にスピーカーでアピールするとともにビラ配りをしました。ビラを配るのも一人ですし、ハンドマイクでアピールするのも一人です。川鉄支店に出掛ける前には自宅で発声練習や口をスムーズに動かす練習をしっかりしていました。発声練習ではラ行の発声がうまくいかなかったことを覚えています。

▼ミンダナオ島での聞き取り調査とスライド作成

ミンダナオ島での抗議運動への参加は一九七八年に実現しました。川鉄の公害運動に参加する契機を提供してくれた山田経三教授とミンダナオ島を訪問して、日本での川鉄の公害被害を説明するとともに現地の実情を調査したのです。調査と言っても戒厳令下にあっては当局や川鉄には知られないようにひっそりとしかできませんでした。小さな集会に参加したり、住民に実情を聞いたりするのが主な活動でした。私の手許にある写真には教会内で説教をしている様子が写っています。しかしそれは教会での日曜礼拝、御ミサの写真ではありません。戒厳令下では集会は開けないので、御ミサを装った川鉄抗議集会でした。各地の様子や抗議運動の進め方などを話し合っていたのです。日本の公害の現状を説明したり、現地の公害の被害を聞いたりする場にも住民はおおっぴらには来られないので、こっそりと来てくれました。しかし口から出る発言は厳しいものばかりでした。

左の写真はミンダナオ島での抗議集会や報告会の様子です。

山田教授も私も日本の公害輸出企業が現地の独裁政権に守られて人々を悲惨な状況に追い込んでいる現実を目にして、先祖代々住んでいた自然豊かな古里を追われていく人々の怒りと悲しみに深く共感せざるを得ませんでした。この共感は私の「正義と平和協議会」の趣旨への共鳴と響き合うものであり、川鉄の公害輸出に対する批判が持つ正当性を教えてくれました。そして帰国後福岡での公害輸出企業川鉄批判の運動をどのように進めるかを考え続けました。

ミンダナオ島訪問から帰国後、私は川鉄がミンダナオ島で行っている目に余る裏切りや実情を報告したスライド「カトリック福岡正義と平和推進委員会」編集「川崎製鉄の公害輸出——ミンダナオ島を第二の千葉にするな——」（一九八〇・一・二五）を作成しました。それを携えて各種の集会で報告を行い、川鉄の公害輸出と人権侵害の実態を訴えていました。

▼私のなかでの反公害運動がもつ意味

この章の冒頭でカトリックの第二バチカン公会議のことを述べましたが、その公会議で一九六五年に採択された現代世界憲章では「現代人の喜びと希望、悲しみと苦しみ、とりわけ、貧しい人々と、すべて苦しんでいる人々のものは、キリストの弟子たちの喜びと希望、悲しみと苦しみでもある」と述べています。その二年後のカトリック教会の「正義と平和協議会」設置の方針では「抑圧・差別されている弱い立場」の人々の持つ怒りや叫びを共有して社会正義の実現に向かう旨が示されています。私はこの現代世界憲章にも「日本カトリック正義と平和協議会」の方針にも賛同し、カトリック福岡教区正義と平和協議会の会長を務めていました。

この川鉄公害反対運動はカトリック福岡正義と平和推進委員会の立場に立って私が進めた実践の第一歩でしたし、人権侵害の実態をアピールし、基本的人権の擁護を広く街頭に出てアピールする初めての行動でした。「貧しい人々と、すべて苦しんでいる人々」との連帯を模索する喜びがありました。三〇歳を過ぎた頃でした。この時の経験を基礎にして人権擁護の闘いに踏み出す心構えが少しずつ固まってきました。

私がこれを語っているのは二〇二〇年ですから公害輸出への抗議運動から四〇年以上経っています。しかし公害輸出をする日本企業に感じた一九七〇年代の憤りを現在私たちの国日本であらためて持たざるを得ない現実が私たちの周囲にあります。すなわち私たちは3・11以後に福島から避難せざるを得なかった「先祖代々住んでいた自然豊かな古里を追われていく人々の怒りと悲しみ」を見ているし、聞きもしているのです。一九七〇年代にフィリピンの独裁政権が行った棄民政策を私たちの「民主国家」日本がフクイチ以後長年にわたって取り続けているのです。

棄民政策の犠牲者への共感と支援は、私の中にあっては反公害運動にも反原発運動にも共通しているものです。

第四章
「じゃぱゆきさん」の人権侵害に抗して
「出稼ぎ」エンターテーナー支援

▼「じゃぱゆきさん」の実態

私は一九七〇年代後半に川鉄の公害輸出問題に反対して福岡では一人で抗議行動を続けていたのですが、ほぼ同じ時期にアジアから日本に来ていた多くの女性の受けていた人権侵害を救済する活動にも参加していました。この女性たちが「じゃぱゆきさん」として一般的に知られるようになったのは、ジャパン・アズ・ナンバーワンが日本繁栄の標語として人々の口に上るようになった一九八〇年前後です。しかし、じゃぱゆきさんとして知られるようになる以前からアジアや中南米から多くの女性が日本へ「出稼ぎ」に来ていました。

じゃぱゆきさんを送り出す国ではプロモーターが募集し、日本ではプロダクションが受け皿になって契約していたケースがほとんどでした。契約書では一ヵ月の給与は最低で一〇〇〇ドルと記載されていて、ビザ申請には契約書や資格証明書などをまとめて提出しなければなりませんでした。しかし送り出す国のプロモーターの説明は実にいい加減で、契約書も杜撰なものが横行していました。氏名、生年月日、住所が記入されているだけで、労働条件や契約金額さえ明記されていない契約書が多かったのです。送り出す国のプロモーターとは言っても日本のプロダクションや日本の受け入れ会社の隠れ蓑が多く、時には「やくざ」の介在も指摘されていました。日本のプロダクションはキャバレーやスナックやホテルからの意向を受けて送り出す国に募集を依頼する場合もあるし、プロダクションの方からそのような店などにあらかじめ確保している女性の写真カタログを「商品」見本として送って女性を紹介するケースもありました。日本に到着した女性がすぐセリ市にかけられたという話も聞きました。ひどい人身売買が行われていたのです。

じゃぱゆきさんが申請するのは「演劇、演芸、演奏、スポーツ等の興行に係る活動又はその他の芸能活動」に従事するための興行ビザでした。該当する職業の例としては俳優、歌手、ダンサー、プロスポーツ選手などが挙げられています。在留期間は最長で三年、最短で一五日です。ですから基本的には歌手やダンサーや民族舞踊習得者としての修練を積んでいること、しかるべき資格を持っていること、高度な運動能力を持っていることがビザ申請の前提とされていました。しかし私が関与した事例では、このビザは「エンターテーナービザ」と呼ばれていました。表向きの契約の基準は歌手やダンサーの資格ですが、実際の契約の基準は若さとスタイルでした。

現地のプロモーターが募集するとは言え、彼女たちは現地に住む日本人や現地の「闇」的組織にスカウトされて来日するケースが多かったそうですが、パスポート作成代金や航空券を含む斡旋料が法外に高額でした。合計が六〇万円で、この金額を一ヵ月以内に日本から母国へ送金しなければならないという例もありました。また偽装結婚の形をとり、日本人の妻として入国し働く女性もいました。しかしこの場合、戸籍を貸した日本人男性に高額な謝礼を払わなければなりませんでした。結婚した時に五〇万円、以来月々一五万円をしぼりとられている台湾女性もいました。観光ビザで入国し、三〇日の滞在期間を過ぎると偽造ビザを押してある偽造パスポートを高額で買わされて滞日を続け、結局はそれが発覚、逮捕されて所持金ゼロで強制送還された女性もいました。

彼女たちの持っているビザの制度から言えば、彼女たちは一定の訓練を積んでいて、給与は月一〇〇〇ドルと定められているのですが、実際の仕事はホステスや雑用係り、時には工事現場での雑用係りとして働かされることもありました。給与は月三〇〇ドルから五五〇ドルが相場で、前借金の返済の他に部屋代、食事代などを差し引かれると手許にはいくらも残りません。ホステスとして働く場合でも一部屋に三人、五人と押し込まれていて、一日の食費として五〇〇円から一〇〇〇円が渡されるのみとか、夕方五時頃マイクロバスが迎えに来て朝六時頃送り届けて、アパートではただ疲れて寝るだけというグループもありました。

多くの場合は日本に到着するとプロダクションがパスポートを預かります。「預かる」というのは「取り上げる」ということです。給与は帰国直前まで払われないことが多いので、独立しての生活は出来ません。約束と違う、と逃げだしたいと思っても、パスポートもお金もないので我慢するしかないのです。

当時日本全体でこのようにして働いていた東南アジアからの女性が一〇万人を超えていたと言われていたのですが、彼女たちを送り出す国でも外貨送金を義務づけていたり、外貨獲得の手段として彼女たちの仕事を称賛したりしていました。

▼じゃぱゆきさんたちの人権を守る運動

じゃぱゆきさんが問題になったころは東南アジアにおける日本人男性の買春も社会問題となっていました。日本に来る女性であるじゃぱゆきさんと海外での日本人男性の買春、この両者にみられる人権侵害の事実を多くの人に訴えるとともに被害者を救済する運動が日本国内でも東南アジア諸国でも広がっていました。マニラやバンコクでは虐待される女性たちが逃げ込める「駆け込み寺」運動が進められました。東京では「アジアの女たちの会」が結成されました（前節の説明ではこの会が作成した「裏切られた夢――アジアの出稼ぎ女性――」を参考にさせていただきました）。この会は解散したのですが、会の活動そのものは現在の「アジア女性資料センター」に引き継がれています。

福岡では弁護士さんが中心になって「アジアに生きる会・ふくおか」が結成されました。この会には、本書第六章と第七章で説明する私のペルー人支援活動に大きな支援をしていただきました。熊本ではそのような状態にあったフィリピンの女性たちがカトリック手取教会の神父さんに苦境を訴えたのを契機に、その神父さんが日本人に彼女たちが困っている現状を訴えて、救済を呼びかけました。それに応えるかたちで一九八五年九月に「滞日アジア女性問題を考える会」が結成されています。この会の趣旨は「アジアからの出稼ぎ女性の抱える様々な困難に対して、市民の立場から手を差し伸べる援護活動」です。この会は当初はフィリピン女性からの相談に応じていたのですが、次第に相談に来るのはフィリピンからの女性だけでなく、タイ、ペルー、パキスタン、中国などからの女性と出身国も人数も増えてきました。それによって相談の数が増加しただけでなく、相談内容も労働条件や社会保障、離婚や結婚をめぐる問題、子どもの教育、養育など多岐にわたるようになりました。その実情に合わせて一九九三年四月に「日本に居住、あるいは働きに来る外国人の人権を確立し外国人との共生をめざすことを活動目的」として「コムスタカ――外国人と共に生きる会」に改称しています。

じゃぱゆきさん支援というテーマから少し外れますが、よく知られているこの「コムスタカの会」の活動を、会のホームページを参考にして、少し見ておきます。八〇年代に始まった外国人女性支援の社会活動は現在においても依然として人権擁護の視点から見ても重要な問題であることを知っていただきたいからです。

この会の近年での活動を見ると年間で電話のみの対応九七件、面談約七〇件、訪問十数件、同行支援三〇件ということですから、大活躍です。内容としては在留資格と夫婦関係に関する相談が多く、DVに関する相談も二九件、子どもに関する相談が四〇件だそうです。雇用に関しては、制度上の問題点が以前から指摘されている技能実習生に関する相談も寄せられています。また、二〇一六年四月の熊本地震の折に熊本市では地震の翌日に外国人のために避難所が開設されたのですが、「コムスタカの会」はそこに来た人への炊き出し、支援物資の差し入れ、さらに引き続いてのサポート活動なども行っています。

これは八〇年代に始まり現在も続いている「コムスタカの会」の活動ですが、同じようなアジアからの女性を支援するグループは八〇年代には各地で活発に活動していたのです。

▼私の具体的なじゃぱゆきさんの人権擁護活動

今までは弁護士さんや市民の参加しているじゃぱゆきさん支援運動の例を説明しましたが、この分野での私の活動はカトリック教会での神父さんからの相談で始まりました。

一九八六年のクリスマスに福岡市にある笹丘カトリック教会でのクリスマスパーティーに参加した折のことですが、近くにある光丘カトリック教会のフィリピン国籍の神父さんからフィリピンから来日している一人の女性から受けている相談の話をうかがいます。彼女は三つの問題を抱えていました。一つは知り合った日本人男性との結婚の問題、二つ目は在留資格期間が少ししか残っていないという点です、三つ目は働いているスナックで賃金を払ってくれないという相談でした。結婚は当人と相手の方の問題ですから私たちがとやかく口を出すことはできません。ビザの問題はカトリックの神父さんにしても私にしても、教会関係者が解決できる範囲の問題ではありません。三つのうち周囲がアドバイスしたり、交渉したりできるのは三番目でした。

彼女の働いているスナックに出向いて事情を聞いてみました。スナックの支配人は規定以下の給与しか支払っていないことを知っていました。彼女を紹介したプロダクションとの約束がどんなものであったかについては確認できませんでしたが、話し合いの結果最終的には支払ってくれました。

その後彼女は日本人と結婚して福岡に住んだのですが、私は彼女から日常的な問題について相談されることもありました。そしてある時、フィリピンにお子さんを残して来日しているので、その息子さんを日本に呼んで学校に行かせることにしたいと相談されました。いろいろな交渉を重ねました。その結果、息子さんの来日や学校への入学は順調に進んだのはいいのですが、息子さんが学校でいじめにあって、その解決のために弁護士さんに相談したりもしました。

このことがあってしばらく経ってからですが、再び光丘カトリック教会のフィリピンから来ている神父さんからの相談がありました。今度は一人ではなく七人でした。相談内容も給与不払いではなく、仕事の内容についてでした。フィリピンで聞いていた話とは違う、と言うのです。キャバレーやスナックが仕事場で、仕事の内容はウエイトレスやホステス、時には透けた衣装を着けての踊りを強要されたり、店の掃除やトイレの掃除もさせられたりしていたのです。七人はプロダクションの指示で一部屋に寝泊りさせられていました。給与は帰国時に一括して払うと言って月単位では支払ってはくれなかったし、生活費として月四万円か五万円しか渡してくれませんでした。これでは一人で部屋を借りて生活することはできません。

この相談を聞いて数人で対応を話し合いました。彼女たちは夜中に支援者と全部の荷物を持ち出してワゴン車で光丘教会に駆け込み、その上でプロダクションと交渉しました。私は学校での仕事のかたわら夜中の逃亡劇に参加しました。教会の方々が親身に彼女たちの世話をしたのですが、私は時間の都合がつく限りはプロダクションとの交渉に同行しました。

交渉は一週間くらい続きました。その間彼女たちは光丘教会のホールで寝起きしていました。入管に実情を話しましたが、入管はそのような問題に積極的には関与してくれません。最終的にはプロダクションが帰国費用を負担し、未払い給与の支払いをすることになり、その結果を受けて七人の女性は全員帰国しました。

プロダクションへの取り調べなどはありませんでした。まして逮捕などはありませんでした。これではプロダクションはお金目当てにやりたい放題ですし、じゃぱゆきさんへの人権侵害がなくなるわけがありません。

市民レベルでも教会の中でもさまざまな救援活動が行われていたのですが、私自身は鹿児島での人権侵害のケースにも直接関与しました。発端は鹿児島のカトリック教会の神父さんからの電話でした。私の人権擁護活動はキリスト教会の中で次第に知られるようになっていたのです。鹿児島の神父さんからの相談はコロンビアとチリの女性五人から、来日を仲介したプロダクションから働いているスナックでヌードダンサーとして舞台に立つように強要されて困っている、帰国したい、と相談されていて、今は自分のところに救出している、どうしたらよいでしょうか、という内容でした。

すぐ福岡に来るように提案しました。五人は来福することになりました。五人の来福後すぐに入管に相談に行きました。入管で宿泊はできません。私が所属しているカトリック吉塚教会にお願いしてホールで一週間ほど寝起きしてもらいました。彼女らの言葉はスペイン語です。教会の隣の女子修道会「三位一体の聖体宣教女会」のメキシコから来ていた修道女の方々が通訳や日常生活で支援をしてくれました。五人は帰国を希望していたので、福岡市の大濠公園の近くにあるアメリカ領事館で通過ビザの手続きをするのですが、チリの女性一人の通過ビザがなかなか出ません。私は彼女の通過ビザが出るまでの一週間ほど自宅で生活してもらいました。帰国の費用はプロダクションが支払いました。

▼逃げ込んだエンターテーナーを助けたスナック

一九八六年のことです。福岡の歓楽街である中洲のスナックの支配人から電話がありました。近くのスナックからフィリピンの女性が逃げ込んで来たのですが……という相談です。彼女はフィリピンのプロモーターを経て中洲のスナックで働いていた、そのプロモーター（または仲に立ったプロダクション）からそのスナックでの売春を強要された、そのスナックを逃げ出して、近くの自分のスナックに駆け込んで来た。これが私に電話をくれたスナック支配人の話でした。

その支配人が私の電話番号をどのようにして知ったのかは不明ですが、私はその日に彼女をかくまいました。次の日から彼女は福岡市東区にある駆け込み寺的な施設に宿泊させてもらいました。彼女は帰国を希望したので、その施設に二週間ほどお世話になった後、帰国しました。彼女の場合は給与の支払いの上でのトラブルはなかったようです。

彼女が逃げ込んだスナックの支配人は親切なうえに行き届いた人で、彼女が施設に入っている間にも彼女を力づけていました。彼女とすれば「地獄で仏」だったと思われます。

私が関わったのはこの四件だけですが、これに類する人権侵害の事例はたびたび耳にしていました。警察が人権侵害事例の多くを把握していたとは思えませんが、一つも把握していなかったとも考えられません。しかし、プロダクションが取り調べを受けた、摘発されたということは聞いたことがありませんでした。警察はこのようなプロダクションの活動を取締りの対象にはしていなかったのだと思われます。この種の業者による金目当ての人権侵害はすべて見逃されていたのです。警察が知らない振りをしていることは知れ渡っていたので業者による人権侵害が横行していたのです。

▼韓国出身女性への支援活動

八〇年代のセックス産業や悪徳プロダクションの犠牲になったり、なりそうだったりしたじゃぱゆきさんの人権を保護するグループの活動を説明して、私の具体的な支援を述べました。この支援は当事者や支援者に求められて手を差し伸べた活動でした。それ以外に私は困難な状況にある人を自分の方から進んで支援したこともあります。

八〇年代に入ってすぐでしたが、福岡市で韓国人女性が夫を刺殺したという新聞記事を見ました。私は所属しているカトリック吉塚教会の韓国語を解するスタッフと面会に行きました。私はその女性とは縁もなければゆかりもありませんし、面識もありません。私が育ったのは戦後ですが、生家の周囲には朝鮮半島から来た人がたくさん住んでいて、その子どもたちとは一緒に遊んだり、彼らの家に遊びに行ったりしたことは第二章で述べました。私は、なぜ新聞記事を見ただけの韓国出身の女性に面会に行ったのですか、とよく聞かれます。その理由は自分でもうまく説明できません。私の育ったこのような環境の故としか考えられません。

面会に行った時の事情に戻ります。警察ではこの女性に「面会禁止」は付いていなくて面会可能でした。警察は、青柳という人が面会を希望しているが会うかどうか、と聞きます。彼女は、青柳さんという人は知りませんが面会します、と答えます。私はその面会後、できるだけ彼女を支援していこうと決めました。

彼女の夫は日本人です。彼のお兄さんが仕事でたびたび韓国に行っており、弟に結婚相手として韓国の女性を紹介します。弟は彼女と結婚しました。子どもも生まれます。しかし夫は何かあるとすぐ暴力をふるうので、二人の間にはいさかいの絶えない日が続くようになります。この日も喧嘩が起こり、彼女は夫の暴力に対して包丁を手にしました。二人はそのままもみあいになり、その結果、夫は傷を負い死亡したのです。

私は彼女を支援する会を立ち上げました。メンバーは市民、カトリック吉塚教会の信徒さんと大韓キリスト教会の関係者でした。市民というのは彼女が出産した時に手伝った保育士の方やその知人の方々でした。具体的な支援の内容は弁護士費用や保釈金や保釈後の彼女の生活のためのカンパ集め、子どもの世話、裁判の傍聴などです。彼女は、保釈後は大韓キリスト教会のお世話になっていました。裁判は約二年続きました。地裁での判決は無罪でした。夫の暴力への正当防衛が認められたのです。検察は控訴しなかったので、彼女は子どもと一緒に暮らせる市民生活に戻りました。今でも福岡市に住んでいます。

これらが、私が七〇年代後半から八〇年代にかけて参加した公害運動や外国人女性の人権侵害に対する闘いでした。

第五章
日本の過去との出会い
在日韓国・朝鮮人の指紋押捺拒否運動支援

▼国家による人権侵害

外国人登録法における指紋押捺問題への取組みに私が参加するようになったのは一九八五年でした。この指紋押捺の問題は日本に居住する外国人の人権問題とは言え、アジアや南米からの女性エンターテーナーの問題とはレベルが異なります。対象人数が六〇万人を超え、自治体の行政が直接関与しており、時には警察権力の嫌がらせの対象となり、日本人の在日韓国人、在日朝鮮人差別の端的な表出でもあったからです。

さらにこの問題は歴史性を帯びています。歴史性を帯びない社会問題はあり得ないのですが、この問題は長年にわたる日本の対外侵略という負の歴史性を背景としていました。差別の現象としての永住者を対象とする指紋押捺それ自体は一九九三年に撤廃されたのですが、指紋押捺問題が出てきた歴史的背景は現在ではヘイトスピーチとして表れている在日韓国・朝鮮人への差別問題につながっており、過去の解決済み事件として忘れ去られてよい問題ではありません。

現在は、指紋押捺制度は存在しないので、一九八〇年代の指紋押捺問題での人権侵害と言っても、第四章のじゃぱゆきさんの人権侵害問題と同じように、分かりにくいところがあると思います。まず指紋押捺問題の背景などを少し説明して、その後で私が関与した支援活動を紹介します。

▼在日韓国・朝鮮人問題の出現——最後の勅令とその後身

日本は一九一〇年八月、朝鮮（当時の国名は大韓帝国）を併合（いわゆる「日韓併合」）し、一九四五年までの三五年間朝鮮半島を日本の領土としました。その間に多くの朝鮮人が日本に来ており、一九四五年八月の日本の敗戦時には約二三〇万人に上っていました。この人たちは日本において日本の国籍を有していました。

一九四七年五月二日、日本政府は最後の勅令（勅令二〇七号）を出します。外国人登録令です。これは在日している朝鮮人や台湾の人を「外国人とみなす」よう定めています（以下では台湾の人についての記載は省略します）。その翌日、五月三日から日本国憲法が施行されることになっていました。憲法施行後になると国会で定めない限り正式な法律とはみなされないのですが、その前日に出された最後の勅令によって、それまでは日本国籍を有していた朝鮮人は「外国人とみなされる」ことになったのです。敗戦後約一七〇万人は帰国していたのですが、約六〇万人は日本に留まっていました。彼らは日本政府によって一方的に「外国人とみなされ」、在日朝鮮人とされ、義務は日本人と同じ、権利は外国人と使い分けられて人権が侵害され続けたのです。

その後一九四八年に朝鮮半島では大韓民国（同年八月）と朝鮮民主主義人民共和国（同年九月）が成立しました。在日朝鮮人のうち国籍を大韓民国にした人は在日韓国人とされ、それを選ばない人は在日朝鮮人とされます。

この勅令（外国人登録令）は一九五二年四月二八日に廃止されます。この日発効のサンフランシスコ条約によって勅令が廃止されたためです。しかし同じ日に同じ内容で「外国人登録法」が制定され、同日発効しています。在日していた朝鮮人は最後の勅令によって日本国籍を剥奪されて在日朝鮮人とされ、その「令」の後身の「法」によって当人ばかりではなく子ども、孫まで在日韓国人、在日朝鮮人とされたのです。

▼在日コリアンの受けた人権侵害

このように日本という国の都合でそれまではなかった在日韓国人、在日朝鮮人という位置づけが生まれました。現在では「在日韓国人」「在日朝鮮人」と区別しなくて、「在日韓国・朝鮮人」または「在日コリアン」と呼ぶことが多くなっています。以下では「在日コリアン」を使用します。

日本社会のなかでの在日コリアンに対する差別意識を反映して、彼らは職業選択、結婚、住居拒否などさまざまな人権侵害を受けてきました。職業での事例を三つだけ短く見ておきます。

司法試験に合格した在日コリアンが日本国籍ではないという理由で司法研修を受けることはできませんでした。司法試験に合格しても司法研修は受けさせない、受けたければ国籍を変更せよ、というわけです。司法試験に合格したK氏の粘り強い働きかけで一九七七年にこの制度は撤廃されます。

在日コリアンは国籍条項という同じ理由で公立学校の教員や自治体の職員などの公務員にもなれませんでした。これも関係者の粘り強い運動で改善されました。

一九一〇年に朝鮮を併合した日本は一九四〇年に朝鮮の人々の氏名を朝鮮名ではなく日本名に変え

させます。創氏改名です。日本の敗戦後、朝鮮ではこの法令は廃止され、以前の名前に戻ったのですが、日本に残っていた多くの人は本名とは別の日本の氏名に準じた「通名」を使用していました。結婚や就職での差別を考慮して通名を使用するケースが多かったのです。

一九七〇年のことですが、その通名で日立ソフトウエア採用試験に合格していた青年が、在日コリアンがあることが判明した後に「一般外国人は雇用しない」という理由で雇用を取り消されます。青年は提訴します。一九七四年に勝訴が確定しました。これにより「在日コリアンは日本企業には雇用されない」という差別的な雰囲気は改善に向かいます。

▼指紋押捺問題

在日コリアンの受けた就職での人権侵害の例を見ましたが、これらは解決のために提訴したり、行政との粘り強い交渉が必要であったりはしましたが、在日コリアンの誰々が差別を受けたという形で現れた事例でした。しかし、そもそも在日コリアンであるというだけでこうむった人権侵害もいくつかありました。これは法に基づいているが故に在日コリアン全員が日本という国から受けた人権侵害でした。

外国人登録法に基づく人権侵害にはいくつかの側面、論点があります。現在では参政権の問題がいろいろ論じられていますが、年金の問題も人権侵害の一つです。一九四七年五月二日の最後の勅令によって在日朝鮮人は「外国人とみなされる」ことになったのですが、一九五二年四月に政府は「朝鮮人は……日本国籍を喪失する」と通達しました。在日朝鮮人は日本国籍を剥奪されたのです。日本では国民年金制度が一九六〇年に始まりますが、これに加入する条件として日本国籍所有者であることが明記されていたために在日コリアンは国民年金に加入することができませんでした。もちろん支給もされません。この状態は一九八一年まで続きました。この二〇年間は加入できなかったので、現在もなお外国籍高年齢者、障がい者の無支給や少額支給というひずみは続いています。

前に述べたように、一九五二年四月二八日に外国人登録「令」から外国人登録「法」に衣替えして以降、政府は在日コリアンを外国人登録証により管理していたのですが、一九五五年にはこの登録証への指紋押捺強制を開始します。これは左右の一〇本の指に黒い墨をつけて一八〇度ぐるっと回して鮮明に押捺させるのです。一九八〇年代には左右の指一〇本の指紋押捺は左手の人差し指一本押捺に変わりますが、どちらにしても犯罪者に対するような取り扱いです。しかもこの登録証は常時携帯が義務付けられていて、不所持が発覚した場合には警察署へ連行され取り調べを受けました。在日コリアンはちょっとした買物に行く途中に警察官に呼び止められ登録証不携帯をとがめられるという警察官による嫌がらせをされることも多々ありました。これは単なる嫌がらせではなく、連行して取り調べて在日コリアン団体などの内部を探る公安活動の一環であったとも言われています。この指紋押捺は目にはっきりと見えるが故に外国人登録法に基づく人権侵害の代名詞的位置を持っていました。

在日コリアンの二世、三世は一四歳（一九八二年以降は一六歳）になると外国人登録証保持が課せられ、この登録証への指紋押捺が強要されます。加えて、登録証は（在留資格や年代によって異なっていたのですが）三年または五年ごとに更新しなければならないので、その度ごとに指紋押捺が課せられました。

一九八〇年代に指紋押捺拒否運動が高まり、一九八八年には指紋押捺は登録証交付時の一回だけでよいなどの制度の改定はあったのですが、日本人も参加した指紋押捺反対の市民運動は続けられていました。一九九三年一月からは永住者への指紋押捺は廃止されました。二〇〇〇年には外国人指紋押捺制度自体が廃止され、二〇一二年には外国人登録法そのものが廃止されています。

▼在日コリアン李さん

このような指紋押捺拒否の支援運動に私が参加したのは一九八五年でした。この節および以下の節では一人の在日コリアンの人権運動と私の福岡での具体的な支援活動について述べます。それは在日コリアン李さんの活動紹介であり、私の李さん支援活動の説明でもあります。

李さんは福岡県新宮町に住んでいました。両親は一九四〇年頃に朝鮮から日本に来て炭鉱で働いていました。李さんの生年は一九六〇年代後半です。一九八〇年代には李さんは障がい者で車いすを使っていました。高校生の時に韓国名の李□□と本名宣言をしました。この時はクラスメイトの前で涙ながら宣言をしたそうです。以後李□□と本名でさまざまな活動をします。しかし本名宣言には両親から強く反対され、以後両親との間には溝が生じてしまいます。両親の反対の大きな理由は将来の結婚や就職に支障が生ずるという心配でした。先に在日コリアンの就職差別の例を挙げましたが、結婚に際しても差別が行われていたのです。

高校卒業後、李さんは印刷会社に勤めながら「乗るぞう会」というグループを立ち上げました。身体障がい者も自由に外出してスムーズに公共交通が利用できるようにしようという運動を進めるグ

ループでした。その会の趣旨に従って、
・地下鉄の車両とホームの隙間を狭くしてほしい
・障がい者が、介護者がいなくても乗り降りできる施設にしてほしい
・バス停とバスの高低差をなくしてほしい
などの要望を各方面に提出して、障がい者が使いやすい公共交通実現に向けて積極的に働きかけていました。

現在では福岡市営地下鉄のすべての駅やJRの多くの駅ではエレベーターが設置されています。西鉄の市内バスでもノンステップのバスが走っています。これらが実現しているのには「乗るぞう会」は先駆的な役割を果たしていたのです。

▼具体的な李さんへの支援運動

そのような中で李さんは外国人登録証の切り替えの時期を迎えます。一九八四年か八五年でした。李さんは新宮町に住んでいたので、新宮町役場で切り替えの手続きや指紋押捺が行われるのですが、李さんはこの時に指紋押捺を拒否しました。当時は全国で指紋押捺拒否が広がりつつあり、拒否した人は一万人とも二万人とも言われていました。李さんはその一人だったのです。

李さんが指紋押捺拒否を表明した直後に私は「指紋押捺問題を考える会・福岡」を仲間と立ち上げました。そして福岡県警に指紋押捺の不当性を訴えて抗議するとともに李さんを逮捕しないよう求めて県警本部への要請行動をしました。支援者約二〇人とともに県警本部へ出向きますが、県警は敷地

内への立入りを禁止します。道路と県警敷地との境に警官が立ち並んでいるので、私たちは歩道から先の県警敷地には一歩も立ち入れません。歩道の上で「李さんを逮捕するな！」という趣旨の文書を読み上げて、その文書を目の前に立っている責任者に渡そうとしますが、責任者は受け取りを拒否します。私は渡そうとします。責任者は受け取りません。それを繰り返しているうちに何かのはずみで文書は私の手を離れて、ひらひらと青空に舞い上がり、青空に次第に小さくなって消えてゆきました。しかし抗議の意思は消えることなく、ますます強くなっていきました。

私たちは同じ趣旨の抗議や申し入れを福岡県と福岡市と新宮町にも行いました。特に福岡市には人権週間のイベントで配布するパンフレットに在日コリアンの人権について啓発する文書の掲載を要望し、それは実現しています。「指紋押捺問題を考える会・福岡」では、このような抗議運動や申し入れと並行して、市民向けの学習会や講演会も開催しました。これらは一九八五年前後に全国で広がった指紋押捺廃止運動の一齣でした。そして李さんは逮捕されることはありませんでした。行政も警察も市民の動向を見ていたのです。

私が支援したのは李さんの場合だけでしたが、多くの方がこのような支援活動を続けていました。それらの運動の成果があって、一九九三年には永住者の指紋押捺は廃止されたのです。

▼李さんのその他の活動

李さんは指紋押捺拒否運動の積極的なメンバーでしたし、「乗るぞう会」の要望を広くアピールしてもいました。李さんは在日コリアンの年金問題にも積極的に参加していました。先述したように、在日コリアンへの年金制度の適用は国籍条項のせいで日本国籍者とは異なっていて、そのひずみは現在も解決していません。李さんは一九八五年頃からこの問題、特に障がい者の年金問題に取り組んでいて、その運動を支援しています。李さんの個人的な事情でこれらの諸問題に参加した側面もあるでしょう。しかし当時まだ若年であった李さんは自分のためにしたというよりは、むしろ在日コリアンや障がい者の人権を守るという観点から積極的に発言し活動したのです。

指紋押捺は廃止され、「乗るぞう会」の要望も実現されつつあります。しかし在日コリアンの年金の問題は依然として未解決です。当該者は高齢化しているのですが、各地で運動は続けられています。

在日コリアン李さんの活動と指紋押捺拒否を支援した活動を述べましたが、これは一九八五年から八六年にかけての活動でした。その約七年後に、次章で詳述しますが、私は移住労働者ペルー人支援の活動により逮捕、勾留され、起訴されます。その時に大きな支援運動が行われたのですが、その一環として小冊子『共に生きる』が発行されています。その第一号（参照 次ページの枠内）に李さんが「在日外国人などに対する青柳さんの人権擁護活動について」と題して私の人権支援運動の包括的な報告を寄稿しています。この中で李さんは当事者として、福岡の指紋押捺拒否支援運動での私の役割やミーティングの会場として私の所属していたカトリック吉塚教会を使用していたことなどを詳しく述べています。その上で、私の指紋押捺反対支援は私の人権擁護活動の一環として位置づけるべきであり、ペルー人支援活動も徹頭徹尾人権擁護活動として見るべきであると主張しています。

『共に生きる——国際移住労働者との共生を求めて（青柳さん裁判の理解と支援のためにＰＡＲＴ Ｉ）』
一九九四年五月一日発行
発行：「共に生きる」パンフ編集委員会
編集責任者：横田耕一
連絡先：八一二　福岡市博多区美野島二-五-三二　美野島外国人司牧センター

なお、私は在日コリアンの指紋押捺問題に取組み始めた一九八四年、八五年ころから次章で説明するペルー人支援で多忙を極めるようになる前まで日雇い・ホームレス支援にも参加していました。活動の内容としては炊き出しへの参加、おにぎり配り、生活保護の申請、アパートの紹介、時には病院へのお見舞いなどかなり多面的な活動を続けていました。ホームレスの方が亡くなった時には家族の方への連絡やお葬式の世話をしなければならない場合もありました。ペルー人支援での裁判が続いている間も時間を見つけてはその活動に参加はしていたのですが、これはキリスト教会関係者や労組関連の有志や市民の方々との共同活動だったので詳しい報告は割愛します。

第六章
国家権力と対峙する人権擁護の闘い
移住労働者ペルー人支援活動

▼一五年間を費やしたペルー人支援活動とその関連事象の位置

私は一九九一年に日系ペルー人と接するようになって以降、ペルー人支援を進めていたのですが、その活動を口実に一九九三年九月に自宅と職場が家宅捜索を受け、引き続き逮捕、勾留、起訴されました。起訴に刑事裁判が続きますが、その決着がついた直後に刑事裁判の結果に関連する事象で勤務校との雇用に関する接衝、さらには、民事裁判が続きました。刑事裁判終結が一九九八年四月、民事裁判終結（和解）が二〇〇六年一二月です。本来であればより多種で広範囲な人権擁護運動に参加できたであろう壮年の一五年間という時間を私は一九九一年に始まった「日系ペルー人との関わり」で二〇〇六年まで費やしたのです。この間にも私はいろいろな人権擁護運動を行っていましたが、第六章と第七章で一五年間関与したペルー人支援活動について説明をし、その間の人権擁護活動については第八章で述べます。

今までフィリピン、ミンダナオ島への川鉄の公害輸出問題、来日した女性エンターテーナーの人権侵害問題、在日コリアンの指紋押捺問題と支援活動を見てきましたが、私にとって、これらとこの章と次章で述べる「日系ペルー人との関わり」は形式から見ても、その内容の点からも大きく異なっています。

違いは形式と内容の両面であるのですが、先ず外形的に見ると三点指摘できます。一つは時間です。前記三件に私が参加、関与した時間はそれぞれでそれほど長い時間ではありませんでした。「日系ペルー人との関わり」に関連する事柄は一五年間続きました。二つ目は参加、支援の形です。前記三件とも問題の中心、主要軸は私の外にありました。私はそれぞれの問題が持っている人権侵害の告発や解決に積極的に「参加」はしたのですが、その問題の外延に位置していました。いわば、その問題性が巻き起こす渦に乗っていたのです。三つ目は私の参加の構造です。前記三件には私は直線的、単線的に関与していました。「日系ペルー人との関わり」には重層的、立体的に関与せざるを得ませんでした。

いま一つ、内容の点から言えば、私は前記三件の支援運動に参加していたのですが、「日系ペルー人との関わり」の諸問題に私は参加したのではありません。その問題性を顕在化させたのです。社会の底辺に隠蔽されていたその問題性をえぐり出したのです。そのような理由で自分が渦の起点になり、参加者、支援者を巻き込んでいかなければなりませんでした。そして多くの方々が私を支援してくれました。キリスト教関連の組織や個人、労働組合、さまざまな市民運動、さらには弁護士の方々です。具体的な団体名などは当該記載箇所に記載しますが、これらの方々に支えられて私の運動は外国人の人権擁護運動の渦を形成していたのです。このように移住労働者支援活動は重層的で複線的でした。

一　移住労働者ペルー人の実態と支援活動の内容

▼当初の個別のペルー人支援活動——移住労働者問題を論じる視点

私の移住労働者のペルー人支援活動はカトリック吉塚教会での信徒としての活動と一九九一年から務めていた信徒会長の役割を抜きにしては語れません。信徒会長は教会の行事を支えるばかりではなく、教会での諸問題について信徒の意見を聞き解決の大方の方向性をまとめたりします。教会に来る人々や御ミサやお祈りに来てくれる方々の話を聞いたり、相談を受けたり、その相談に個人的な見解と断りながらアドバイスをしたり、支援の手を差し伸べるのも仕事です。カトリック吉塚教会にはペルー人労働者も御ミサに来ていました。ペルーではカトリック教徒が多いのを反映して、日本で働いている多くのペルー人もカトリック教会にお祈りを捧げるために来るケースが多いのです。そして、カトリック教会は困った時の頼みの綱とも見られていました。そのような事情で、私は信徒会長として突発的にペルー人支援に直面せざるを得ないケースもありました。

日系ペルー人Jさんは、日本でクリーニングの仕事があると教えられ、旅費を前借りして来日しました。K研修センターという名の日本の受入れ窓口が福岡の土木会社に仕事を紹介してくれたのですが、慣れない仕事で健康を害してしまい、就職して二ヵ月後に辞職を申し出ざるを得なくなりました。すると土木会社からはセンターに支払った日本語教育費二〇万円を含む五五万円を返せと言われ、センターの職員からは、パスポートを預かる、本国に知らせる、契約違反のペナルティを払えと脅かされ、教会に逃げ込んで来ました。

私は前出の「アジアに生きる会・ふくおか」や弁護士さんと共にK研修センターには五五万円の要求額の不当性を訴えると同時に福岡の労働基準局に、教育機関のような名を持った悪質な斡旋業者であるK研修センターこそ問題の根幹である、と申し入れをしました。労働基準局は、斡旋業者は県の職業安定課の管轄である、と主張して、事態の改善には手を貸してくれませんでした。県の職業安定課に調査の申込書を提出しますが、無視されました。納得できないので二回目の申し入れをしました。結果は、センターは就業環境順応研修のための機関で、斡旋業者ではない、県ではこれ以上の調査できないと言います。センターの実態には関心を示すことのない、まったく事務的で表面的な対応でした。

Jさんの問題は悪質な斡旋業者の横行とその横行を改善する取り組みをしない行政を前にして解決しないままでした。またそのころ国連では「移住労働者の権利条約」が議論されていて、この条約は二〇〇三年に発効したのですが、日本はまだ批准していません。私は後（二三六ページ）で二〇一八年暮れの「出入国管理および難民認定法」（以下 入管法）改定について述べて、この法に基づく労働者政策は一九九〇年代と同じ問題を引き起こしかねない点を指摘しますが、日本の移住労働者権利条約への対応一つを見ても私のこの指摘には納得していただけると思います。

その後、この研修センターは、経営者は同じで名称を変えて日系ペルー人相手の相談機関の中に登場してきます。このように名称を変えてはペルー人労働者から搾り取る悪徳斡旋業者は後を絶ちませんでした。これは明らかな人権侵害です。労働者の人権を守るためには、国として明確な方針のもとに取り締まりを実施しなければならない分野であり、事柄なのです。しかし、私たち人権問題を考えるグループにとってはまったく理解できないことですが、行政も警察もそれを放置したままだったのです。時間的には後のことになりますが、私が逮捕された時も明らかに法に違反している斡旋業者には何の処罰もありませんでした。そして家宅捜索をしても嫌疑に対応する証拠書類一つ見つからなかった私は逮捕され、起訴され、有罪の判決を受けました。警察も検察も外国人労働者の人権を守る心構えを寸毫も持ってはいなかったのです。

仕事中負傷を負い入院した「不法」就労の在日コリアンRさんの支援もしました。この支援も「アジアに生きる会・ふくおか」との共同活動でした。まず日本の労働基準局に相談に行って、労災その他についての対応を求めました。私は国内の役所にだけではなく、韓国に渡ってRさんのことについて説明したり、対応をお願いしたりしていました。前に見た韓国人女性への支援運動と同じように、私はRさんとは縁もゆかりもありません。私のこのような支援活動は日本の支援者の中でも珍しいので、多くの人が驚いたり、感心したり、称賛してくれたりしました。

私が個別に支援した外国人労働者の例を二つ見ましたが、この中に移住労働者の問題を論ずる際に重要な視点がほとんど出ています。一方で言えば、不法就労、不当に高額な斡旋料にたかる斡旋業界、就労先や斡旋業者によるパスポート預かり（という名の、取り上げ）とさまざまな脅かし、日本人が働きたがらない3Ｋ（キタナイ、キツイ、キケン）職場で働く移住労働者、加えて人権意識の希薄な行政の縦割り意識と対応です。他方はこれら社会、企業、行政の理不尽な対応を目のあたりにして労働者の人権を守る支援活動を地道に続けている労働組合や市民団体や宗教者のグループ、さらには先進的活動を進める市民個人の存在です。

次節以降では私の系統的、持続的なペルー人支援について説明しますが、そこで明らかになってくるのは、前述の移住労働者をめぐる問題性に加えて国家権力の場当たり的な外国人政策、その破綻があらわになった時の対応の杜撰さとその場しのぎの弥縫策、さらには人道的支援の広がりに恐怖心を抱いた国のあからさまな見せしめ的権力誇示です。しかし、それらに対する市民の側からの反撃も闘われ、さらには基本的人権の観点に立った外国人労働者政策が必要であることもまた明らかになってきました。

▼系統的支援の始まりと拡大

ある日曜日の御ミサの後のことでした。私はカトリック吉塚教会に御ミサに来ていたペルー人の三組の夫婦に話しかけて生活の様子を聞きました。三人の夫のうち二人はガソリンスタンドに勤めていました。この三組は来日したばかりで日本語もおぼつかなくて、日本の事情もほとんど分かりません。そのような事情を聞いた後、この人たちに買物の仕方というようなごく日常的な事柄から、電話の申し込みの仕方、子どもの保育園入園手続き、社会保険支払いの方法などというようなかなり込み入った事柄までアドバイスしました。口で説明してもなかなか把握してもらえなくて実際に窓口や現場にまで行って手伝ったこともありました。

ところがこの夫婦への支援のことを知ったペルー人からさまざまな要望が寄せられるようになりました。多かったのは日本語を勉強したいという希望でした。それに応えて御ミサの後で日本語を教えるクラスをつくりました。先生はスペイン語のできる信徒さんにお願いしました。このクラスに来るペルー人が一〇人になり、さらに時には一人、次は二人、何回目かには友だちとグループで来るという風に増えていきました。

ペルー人の多くは活動的で開けっぴろげで快活です。日本語の授業の後には引き続いて教会のホールで食事会をするようになりました。メニューは主に鶏のモモ肉の大盛りドンブリでした。食材は私が準備して、調理はペルー人がしました。そうするとまた参加者が増えていきます。そのうちに就職先を紹介してもらいたいとか、友人に仕事がなくて困っているのですがどこか知りませんかという相談もされるようになりました。

教会には会社経営をしている人も来ているし、勤務先で雇用関係の仕事を担当している人もいます。私はそういう方たちに声をかけてみました。どなたも協力的で、会社で雇ってくれる人もいましたし、友人に聞いてみるよ、と引き受けてくれる人もいました。福岡県だけでなく佐賀県に世話をしてもらったペルー人もいました。

それらを行っている間に支援を求めるペルー人の数は増えていき、時にはグループの形を取るケースも生まれてきました。一九九一年が始まって間もなくの頃でした。

日系ペルー人労働者支援はカトリック信徒としての個人的な善意から始まって、それがグループに広がっていったのです。それでは支援を求めてきたペルー人の状況はどのようなものだったのでしょうか。

▼日系ペルー人労働者のおかれていた現実

一九九一年、九二年は日本の「失われた一〇年」の始まる時期に当たります。その直前のバブル時期に政府は日系ペルー人に対する在留資格を拡大していました。親類訪問とか親類の近くに滞在したいだろうからとか、それらしい名目を掲げてはいたのですが、実態はペルーからの安い労働力流入が目的でした。このことがペルーでも知られるようになり、日本での仕事を求めて多くの日系ペルー人が来日しました。二世が多かったのですが、三世もいました。ペルーでは来日のために戸籍の売買も社会問題になりました。後に詳しく説明しますが、日系ではない青年が戸籍を買って日系二世、三世に成りすまして来日するのです。私は体型、皮膚の色、顔面の様子などから見てとても日系とは思えない青年の入管での手続きに偶然出くわしたことがありました。係員は青年を見てしきりに首を傾げていましたが、書類上に問題はないようでした。来日のためにパスポートの偽造も行われていたと言われていました。ともあれ、日本の外国人政策がそのような社会的な問題も引き起こしていたのです。

バブルが崩壊すると日本の企業は規模を縮小したり、倒産したりで彼らは街に放り出されます。警察も彼らを雇用している経営者に厳しい眼を向けるようになります。日系ペルー人労働者は手の平を返したような政府の雇用政策の厄介者となったのです。

▼ペルー人が従事する仕事の内容

日系ペルー人労働者が働いたのは先述したように（キタナイ、キツイ、キケンの）3K職場でした。日本人は景気が悪くて希望する職場が見つからなくても3K職場では働きたがりません。加えて、そのような職場が家族経営であった場合には中小企業、というより、零細企業で給与も低いのがほとんどでした。ペルーでの給与は日本での十分の一と言われていました。ですからペルー人は日本人にとっては低い給与でも高給でした。また3K的な職種では慢性的な人手不足でした。このような理由でペルー人の雇用先は養鶏業、水産業、家具製造業などが多かったのが現実でした。彼らの在留資格での日本滞在は長くても三年です。その間にできるだけたくさん貯金をして、ペルーに帰国するのが夢なのです。

▼日系ペルー人労働者の増加の理由

日系ペルー人労働者の来日が増加した理由は日本の雇用政策であると前述しましたが、その事情は以下のようです。

ペルーでは一九九〇年に日系の大統領が生まれたほど日本からの移民が多く、また日系二世、三世は教育熱心や高学歴で知られていました。しかしペルー国内では社会的な混乱が続いていました。一方の日本では一九八〇年代にイランなどの中東やアジアからの出稼ぎ労働者が増え、一時期は二九万人と言われていました。日本が安い労働力確保のためにビザ発給の条件を緩和して呼び寄せていたのです。しかし日本の景気が下向いてきたのが理由であったり、出身国と日本の文化の違いが理由であったりして、彼らの職場が狭まり、職場から追い出され、生きていく場が仕事場から街頭に変わってきます。彼らは「労働者」から「不法滞在労働者」にさせられていったのです。八〇年代末にはそれが社会問題となり、警察も次第に規制を強めていきます。中東やアジア出身の「不法滞在労働者」は強制送還などにより、排除され減少していきました。しかし日本の産業構造が変わったわけではないので、日本では相変わらず安い労働力が求められていました。

そのような状況で、日本は労働力の供給源を日系人がいるブラジルやペルーといった国に求めました。それは、中東やアジアからの労働者は日本の文化や習慣を理解できない、それで日本社会に慣れなくて犯罪に走るケースが多い、日系の二世や三世だったら日本語も少しは解するだろうし、家庭で日本のことを教育されてもいるだろう、だから日本の文化、習慣にもとけ込み易いだろう、というのが根拠でした。

国は一九八〇年代末に日系人が親類訪問したり日本社会に慣れたりするために日本に滞在するための在留資格を新設します。これはまったくの口実で実際は安い労働力確保のための在留資格新設でした。これらに見られるように、日本は外国人労働者を一人の基本的人権が尊重されるべき人間としてではなく、労働力の観点からのみ見ています。労働者を、人格を持った一人の人間として扱っていないのです。二〇一八年の年末に強行採決で成立し入管法改定による外国人労働者枠の拡大も同じ観点から採用されたのですから、これは中東からの安い労働者や日系ペルー人労働者の問題と類似した問題をいずれは引き起こす危惧が大きい政策です。

私たちの憲法は基本的人権の尊重を義務付けています。外国人労働者も基本的人権は守られなければばなりません。日本はこの点において多くの国々の後塵を拝しています。

一九八〇年代末に設けられたこの在留資格は日本での「定住者」資格です。定住ですから日本では一般的な職業に就くことが出来るし、労働時間の（例えば留学生は週に二四時間と定められている）上限も設けられていません。在留期間は長くて三年ですが、更新が出来ます。一九八〇年代末からこの在留資格によって来日する日系ペルー人が増加します。その数は数万人と言われています。

日系人はペルーにだけではなくブラジルにもたくさんいます。ブラジルからもこの新設された在留資格によって来日し、滞日する二世、三世もいました。しかしブラジルからの日系人はペルー人におけるような大きな社会問題になりませんでした。それはブラジルでは定住者資格書類を在ブラジル日本大使館で作成しており、それを日本の入管に申請すれば在留が承認されるシステムになっていたからです。それに対してペルーでは在留資格取得に必要な書類を持って来日し、日本の出入国在留管理事務局（以下　入管）で在留を承認するか承認しないかを判断するシステムになっていました。そのシステム自体によって、または承認手続きの過程でさまざまな問題が生じたのです。

▼日系ペルー人の提出書類

就労を希望する日系ペルー人労働者は入国後、身元保証書と日系であることを証明する書類と（既に取得済みであれば、その）雇用証明書を入管に提出しなければなりません。日系である証明には両親の婚姻届と出生証明書と戸籍が必要です。

戸籍は日本人の親や祖父母の本籍地から取り寄せます。日本人の親は子どもが生まれると親の日本の本籍地に届けている場合が多いのですが、その場合には当人の戸籍を本籍地の市町村役場から取り寄せることができます。子どもの出生を日本の本籍地にではなく、ペルーの日本大使館に届けている場合もあります。その場合にはペルーの日本大使館発行の「留保」と呼ばれる書類が戸籍に代わる書類として認められています。

婚姻届はペルーの役場で作成されています。出生証明書は役場でも作成されていますが、カトリック教会での洗礼証明書で代えることもできます。両親が日本人であれば大きな問題は発生しません。母親が日本人の場合も子どもは必ず日系と言えます。父親が日本人の場合には子どもが日系ではない場合もあります。そのケースでは虚偽の申請も多く、審査も厳しかったようです。

日系三世は親が日本の本籍地に報告しているケースは少なく、ほとんどは日本大使館での「留保」制度で処理されていました。日系三世である証明は二世の場合よりも複雑になり、審査も厳しくなります。

前述した偽造書類とは婚姻届や出生証明書の偽造を意味しています。ペルーでブローカーが日本人の戸籍を入手し、その戸籍と整合性のある婚姻届、さらにはその婚姻届に記された夫婦からの出生届を偽造して販売していたのです。戸籍を取りやすい人の戸籍を何枚も入手するので、日本の入管には同じ戸籍の人の子どもや孫の書類が何通も提出されていたとのことで、入管では「○川△雄の戸籍には注意するように」という〝伝説〟さえあったくらい一人の人物の戸籍が多数出回っていたと言われていました。また婚姻届や出生証明書には公印が押されているのですが、その公印も偽造されている場合がありました。入管では本物の公印をペルーから取り寄せて、提出された申請書類の公印が本物かどうかをルーペで調べて比較した上で判断していたそうです。

夫婦で申請すると申請が通り易かったので互いに他人でありながら夫婦と偽って書類を偽造し来日するケースもありました。雇用者は夫婦だと思っているので、アパートも一つにします。二人は大変困ったそうです。

▼日本とペルーの文化の違いによるトラブル

入管での審査をパスして会社に就職してもさまざまな問題が起こっています。その一つが勤務時間です。そこには日本とペルーの文化の違いが端的に現れています。ペルー人を紹介した会社の人から遅刻や早退や無断欠勤がある旨の相談がしばしばありました。ペルー人に聞いてみると、友人の誕生日だった、と言うのです。友人が集まって夜遅くまで、というか朝まで喋って歌って踊るのがこの世に尊い生命が生み出された記念を祝う誕生日のしきたりだと言います。朝まで友人と一緒にいると翌日の朝から会社には行けません。それを注意されると、「どうして誕生日のお祝いをしてはいけないのですか」と反論するのです。

日本の会社では仕事の時間はしっかりと守らなければならないことを説明しますが、ペルーでの習慣を簡単に変えるのは難しい人もいます。しかし説明を聞いてそれ以降はそれまで以上にしっかりと仕事に励むようになった人もいました。

勤務時間に関しているのですが、日系ペルー人が来日する目的は「出稼ぎ」ですから金銭には非常に敏感で、残業したがります。そのために勤務時間中の仕事に手を抜いて残業せざるを得ないようにするペルー人もたくさんいました。雇用者はこれには手を焼いていました。働いた時間を分単位で記録しているペルー人もいました。これだけ働いているからこれだけの給与をください、と請求する資料にするためにです。

▼相談の増加

当初一九九一年は週末の御ミサの時などに私のところに相談に来る人は四人か五人だったのですが、九二年になると急激に増えてきました。一日に四〇人という日もありました。しかも相談の人数が増えただけではなく、内容も多様になってきました。移住労働者ペルー人が抱えていた問題が私への相談でことごとく顕在化してきたのです。しかも相談は週末にだけではなく、週日にまで及ぶようになりました。

私は北九州の学校に勤務していたので、帰宅はそんなに早くはありません。週日の午後になると相談の人が目立ち始めます。妻が彼らを家に入れて待って貰うこともあります。ペルー人にとってカトリック教会はなじみある場所なので、時間をつぶすためにカトリック吉塚教会に行き、友だちに会ったり情報を交換したりしていて、私の帰宅時間になると教会から私の家に向かうペルー人もたくさんいました。教会と私の家とは歩いて一〇分ほどの距離ですが、ここをペルー人がしょっちゅう通るものですから、近隣の人はこの道路を〝ペルー人ロード〟と揶揄するようにさえなりました。時には、路上でのペルー人の振舞などで私は周辺の方から改善を求められたこともありました。

こんなにペルー人が来るようになったのは噂が噂を呼んだ結果ではあるでしょうが、その噂は「福岡の青柳のところに行けば何とかなる」とペルー本国にまで聞こえていたそうです。本当に成田空港から私の自宅に「ペルー人が着いたのですが、青柳さんのところに行くと言い張っています。これこれという方をご存知ですか」と電話がかかって来たこともありました。もちろん私の知らない人です。相談に家に来るだけではなく、電話もかけてきます。私は、昼は家にいないので電話には妻が出ます。日本語がおぼつかないペルー人からスペイン語を解さない妻への相談電話ですからほとんどの場合まったく要領を得ませんでした。それでも電話はしょっちゅうかかって来ていました。

電話には私が出る時には知っているスペイン語の単語で何とか対応します。家でペルー人の相談にのっている時にも電話は鳴るという具合でした。夕食でさえ落ち着いて親子で楽しむことができなくなっていました。

日系ペルー人労働者の日本での全般的な事情を説明しましたが、以下では個別の事柄について述べます。

▼就職先の紹介

相談に来るペルー人は福岡市やその周辺に住んでいる人が多かったのですが、電話は鹿児島県、熊本県、遠くは広島県、群馬県からもありました。相談の内容は多様で、右から左に解決できる性質のものではありませんが、電話をしてくる理由のほとんどは、とにかく働くところを紹介して欲しい、という切実な要望でした。

一口に日系ペルー人と言っても私に相談してくる人の現状は在留資格から見ると、①オーバーステイである、②在留資格が取れなかった、③在留資格を申請中である、④在留資格を持っている、に分類できます。私が仕事を紹介したのは③または④の人のみでした。とはいっても私が各個人の在留資格を確認する余裕はないので、ペルー人の自己申告によって判断していました。

必要書類を揃えて、自分は在留資格があると思って入管に行ったのですが、却下されたペルー人がいました。ペルーのブローカーの揃えた書類が不備だったのです。当人はパニックです。友人が落ち着かせて、アドバイスします。間もなく当人の祖母がわざわざペルーから来日（または帰国）して、福岡の入管に出向いて来たこともありました。悪質、またはいい加減な斡旋業者に泣かされたペルー人はたくさんいましたが、ブローカーや斡旋業者が罪に問われることはありませんでした。

３K職場では人手不足が続いていたので紹介すれば就職は比較的簡単にできるのですが、私の紹介によって就職できたとしても、雇用者にとってもペルー人にとってもこれで終わり、というわけではありません。雇用者からペルー人の振舞や仕事のやり方について、どうしたらよいのかとか、どうかしてくれという相談が私に寄せられるのです。ペルー人からも雇用条件や日常生活についての相談が来ます。あそこの会社はよさそうだからあの会社に紹介してくれ、という依頼も来ます。このように相談は二重、三重に増えていきました。

▼相談内容の多様化と複雑化——食・住の相談

就職先の要望以外にも相談は多様でした。いくつかの例を挙げておきます。お金を貸してほしい、という相談がよくありました。返してはくれないのを覚悟で妻が千円、二千円と渡しました。食についての相談もありました。会社の寮の食事が口に合わない、自分で料理をしたい、調理場を使わしてもらいたい、というのです。これに対しては会社と掛け合わなければなりません。会社としても従業員はペルー人だけではないし、勝手に使用させて衛生上の問題が生じては困るので簡単には許可してはくれません。何とか会社の人に了解していただいても、一週間くらいして今度は料理の道具とか食事時間のこととかで再び相談に来ます。

住については端的なのは、今日寝るところがないのでどうかしてほしい、という相談でした。私の家に泊まってもらったこともあります。カトリック吉塚教会や他のキリスト教の教会にお願いしたこともありました。会社が提供しているアパートは狭いのでもっと広い部屋へ移りたい、という相談もありました。これについて私は決めることはできません。雇用者に電話をしたり、会社に直接出向いたりしてペルー人の意向を伝えて対応してもらわざるを得ません。

住の問題はしばしば友人や同僚との関係とも関連していました。寮で同じ部屋にいる○○人とうまくいかないので部屋を替わりたい、という相談もよくありました。部屋だけの問題ではなく、洗濯機が使えない、冷蔵庫の数が少ない、時にはトイレの数が足りない、部屋にシャワーがないので何とかしてほしい、と相談されたこともありました。これらについては雇用者に連絡して対応をお願いするのですが、対応それ自体に長いに時間が必要でしたし、改善にいたるにはさらに長い時間と話し合いが必要でした。例外なく、です。

このような具体例をみると、食や住の問題は日本語ができるのであれば雇用者にお願いすればそれほど紛糾することなく対応できる簡単な内容ですが、雇用者と当人とがコミュニケーションが取れないので、私のところに来て相談する以外にペルー人には解決のとっかかりが見つからなかったのです。雇用条件については現地のブローカーと日本での斡旋業者の間で、時には雇用者を入れて当人とも話し合って納得済みのはずですが、日本の現実は思ってもいない雇用実態だったということもあります。日本で斡旋業者に紹介されて就職した場合も雇用の実態は契約とは違っていたという場合も多々ありました。私はそれらの実情をしばしば体験しているので、雇用主からペルー人を紹介してほしいと依頼された時には作業内容、労働の実態、住（アパートの）状態や条件などを確認した上で、ペルー人が理解できるように一種の就業規則のような形にまとめていました。しかし、これには書く方も確認する側も苦労しました。それをスムーズに進めるには通訳の手助けが欠かせません。これは出費に直接かかわってきました。

▼給与から派生する問題

雇用条件の一つである給与は雇用者にとっても当のペルー人にとっても最も切実なテーマでした。給与をめぐる相談内容は給与を上げてほしいという端的な要望がほとんどでした。しかし、給与には、額の多寡だけではなく、さまざまな問題が付いて回っていました。給与の支払い形態も思いもよらない問題の一つでした。「支払い形態」と言ってもすぐには理解していただけないと思います。私も初めは事態を理解出来ませんでした。仕事を紹介したり、現に雇用されているペルー人の抱えている問題について話し合ったりしていると多くの雇用者と知り合うだけではなく、個人的な信頼関係も深まります。そのうちの何人もの方が、ペルー人の給与を私に預かっておいてもらいたい、必要経費の支払いが済んだら残額をペルー人に渡してほしいと言います。

事情を聞いてみるとペルー人の切実さが分かるのですが、日本側雇用者の困惑も理解できます。給与を受け取ったら全額をすぐ本国に送金するペルー人がいる、給与を全額ペルーに送ってしまって生活費のないペルー人がいて頭が痛い、アパート代や光熱費の支払いが滞るのでトラブルの原因となるなどでした。だから給与全額を私に渡すのでアパート代や光熱費などを振り込んだ残りをペルー人に渡してほしいと依頼されるのです。両者ともに切実な現実ですので、引き受けざるを得ないこともありました。給与を預かって必要な支払いを済ませて、残りをペルー人に渡す作業は妻がしました。そのようなペルー人が五人も六人もいたので毎月毎月気を使う作業でした。

▼斡旋業者による転職防止のためのパスポート「預かり」

転職の相談も給与に直結している問題でした。雇用者にも事情があり、転職希望、すなわち退職はスムーズにいかないケースが多々ありました。しかも退職、転職は当人と会社だけの関係ではありませんでした。別な事柄も付随していました。ペルー人は互いに連絡を取り合っていて、給与が高い会社に移っていきます。人手のほしい会社では雇っているペルー人に、自分の会社に友達を連れてきてほしい、と頼んでもいました。また斡旋業者から他の会社に勤めている友人や知人を引き抜いてくるように依頼されたペルー人もたくさんいました。それらに勧誘されて、会社に何も言わずにプツンと出社しなくなり、アパートからも姿を消しているケースは、聞いても驚かなるくらい頻繁に起こっていました。しかも転職先は福岡市とか福岡県内だけではありません。群馬県の会社に移って行っていた例もありました。

会社は急に辞められたら困ります。紹介した斡旋業者も何とか引き止めようとします。しかし友人から入ってくる情報を防ぐことはできません。雇用されている会社を辞めて他の会社に移りたくても簡単には辞められないようにするために斡旋業者はパスポートを預かることが多くなりました。「預かる」と言うと「ペルー人が預けた」ように聞こえますが、実際は無断での退職や転職をさせないように上手に言いくるめてパスポートを「保管」という名称の実態「取り上げ」をしておくのです。これは法では禁止されていますが、よく行われていた転職防止策でした。

私もペルー人から、業者の人がパスポートを返してくれない、と相談され、斡旋業者と交渉をしたことがあります。これは違法ですから、業者に分はありません。輪をかけて悪質なブローカーもいました。周旋料を確保するために、会社からペルー人へ支払う給与を斡旋業者に渡すようにさせていました。また、しかるべき斡旋料を支払わないまま斡旋した会社を辞めたペルー人についてはペルー在住の両親に連絡して斡旋料を請求したりする業者もいました。

それでも、ある日突然いなくなるペルー人は後を絶ちません。私は会社からペルー人の突然の失踪を知らされ、ペルー人の住んでいたアパートの後処理や持ち物の処理一切をしたこともありました。持ち物は破棄したり業者に破棄したりしてもらえばいいのですが、車の廃車処理までしなければならないケースもありました。

次に、これらの相談を解決するための対応や実態を、具体的な例を挙げて述べます。

▼時間とエネルギーと金銭上の負担

このように相談数は増え、相談内容は複雑になってくると相談を聴いてアドバイスをするだけで私も家族も大きなストレスを背負うことになります。しかしそれらを何とか解決しようとすると時間もエネルギーに加えて金銭的な負担も投入しなければならなくなってきました。

学校の仕事がある週日でも相談者は来ます。相談を聞いたり、アドバイスをしたりしていると時間はどんどん過ぎていきます。夕食も落ち着いては取れないし、就寝は午前二時を過ぎることもしばしばでした。土曜日になると相談に来たペルー人の勤めている会社を訪問して、対応を話し合ったり、改善策を要請したりしました。一社でも事情を聞いたり、対応を検討したりしていると数時間はかかります。一日に訪問できるのは数社に過ぎません。交通費を出してくれる人はいません。雇用主とペルー人とのコミュニケーションは不足しているし、私自身のスペイン語では十分な意思の疎通はは かれません。教会に来ていたスペイン語のできる方にお願いして通訳をお願いすることになります。交通費も通訳へのお礼も出してくれる人はいませんから、私自身で何とかしなければなりません。

私は毎日曜日教会の御ミサに行きます。ペルー人も来ています。彼らと昼食会もするし、日本語のクラスもあります。食材の購入や日本語教師への謝礼や教材などの費用も私自身で算段しなければなりません。

入管へのビザ申請などは日中なので、勤務している学校で勤務のある時期には出来ないので、それらの支援活動には春休み、冬休み、夏休みの長期休暇を充てざるを得ません。ビザ申請と一口に言っても煩瑣な作業です。申請書類一枚でも「これに記入してください」と渡すだけでは済みません。この項目の内容はこうなっているので、あなたの場合はこれこれで……と教えなければなりません。それだけでも一枚の申請書類を書き終わるのに必要な時間は五分や一〇分ではありません。

二世の場合には両親の婚姻届と当人の出生証明書、三世の場合に祖父母の婚姻届や父と母の婚姻届けと当人の出生証明書を準備しておかなければなりません。さらに祖父または祖母、そして親の戸籍も準備しておかなければなりません。そのためには親などの出身市町村役場に交付請求用紙、発行手数料の定額小為替、切手を貼った返送用封筒などを送って戸籍を入手しておかなければなりません。ペルー人一人のビザ申請にも遺漏ないように準備するだけでも気を遣うし、時間も費用もかかります。そして書類が整ったら当日の入管での申請への付き添いなどで相当の時間とエネルギーを投入しなければなりませんでした。

このように戸籍を取り寄せるのはかなり面倒な手続きなのですが、沖縄では戦争で戸籍そのものが消失しているケースが多くて、沖縄出身者の二世、三世の戸籍取得は他の地方出身者にはない一層の苦労がありました。親類の人に、この人は確かにペルーに移民しましたと確認していただいて戸籍を新しくつくり、その上で戸籍を取り寄せなければならないのです。これにはかなりの時間が必要です。ある時、当人の親が沖縄出身で、申請期日が非常に切迫していた二世の人から相談を受けて戸籍を取り寄せたことがありました。沖縄からの返事はなかなかありません。沖縄の役場に電話で事情を説明しました。申請締め切りの当日になりましたが、書類は届きません。どうしようもなくて何度目かの確認電話をしました。役場の人は既に投函したと言います。私の手許には届いていません。福岡市の中央郵便局に届いているかどうか確認の電話をしたところ、局には届いているが配達は明日という返事でした。これを入管の係員に説明して申請を次の日まで延期してもらいました。申請そのものは無事に済んだのですが、大変な苦労でした。

ペルー人の相談に耳を傾け、対応し始めるとペルー人は喜びます。さらにそれが何とか解決した場合にはペルー人からも雇用者からも感謝されます。しかし私の対応を歓迎したのはペルー人や雇用者だけではありませんでした。

▼入管の現場では歓迎されていた私の日系ペルー人支援

私がペルー人をさまざまな局面で支援をしていたことやそれが大きな効果を発揮し、各方面に感謝され、賞讃されていた事実は入管の現場や当局者も警察も重々認識していました。

日系ペルー人がペルーから持参している書類はスペイン語ですが、入管にはスペイン語のできる係員がいませんでした。「助けてもらいたい」と言われてスペイン語のできる知人と一緒に入管での作業を手伝うこともしばしばでした。最初のうちは翻訳文や項目は簡略でも一年間の定住資格が認められていました。そのうちに書類の偽造や戸籍の売買が明らかになってきました。加えて景気が後退してきて審査が厳しくなりました。しかしその審査は決して正確ではありませんでした。審査員の裁量の幅が非常に大きかったのです。日系の顔ではないからという理由で不合格になったり、どう見ても不正確な記載に見える書類でも体裁が整っていれば合格を出したり、書類上の些細な記述で不備な箇所があると不合格になったりしました。そのような現状の中でも係りの方も自信を持てないケースが多々ありました。私はよく「この書類は偽造ではないだろうか」とか「この人の言っていることは本当だろうか」とか尋ねられていました。

入管で係員がいちいち説明して記入させたり、書類を揃えたりしていた申請書類作成の作業を私がペルー人のためにするわけですから、入管としては大助かりです。ですから入管では私のペルー人入国ビザ申請支援を非常に歓迎し、喜んでいました。私が入管の窓口での仕事が終わる五時まではにはペルー人と入管に行けないことが分っている時には特別に五時以降にも受け付けてくれるように便宜を図ってくれてもいました。

▼警察の現場でも認められていました

私のペルー人支援を喜んでいたのはこのような書類申請上の手助けをしていた（実態は、頼りにしていた）入管だけではありませんでした。私の就労の支援は入管の範囲を超えて、警察にまで喜ばれていました。その理由と実例を申し上げます。

入管では多くのビザ申請者がいて、審査に時間がかかります。この審査期間はペルー人にとっては待機期間ですが、これが案外長いのです。一ヵ月、二ヵ月というのはごく普通で、六ヵ月間待機ということもありました。その間ペルー人は働かざるを得ません。審査が通らなかった場合には本国送還になります。航空券代だけでも約三〇万円必要でした。航空券代が払えなくて滞日を延期するとオーバーステイと呼ばれる不法滞在になります。入管も警察も不法滞在対策には大変な労力を振り向けなければなりません。社会の安定した状態を保つためにも、業務のスムーズな進行のためにも、言わば警察にとっても入管にとってもこの審査申請中のペルー人への就職先紹介は極めて有益に作用していたのです。

日本では一九九一年にバブル経済が崩壊し、以降不景気になります。しかし日系ペルー人が本国の友人に流す「日本では働ける」という情報を頼りに来日するペルー人は後を絶ちません。来日しても仕事はありません。しかし「福岡に行けば青柳が助けてくれる」という情報が広まり、群馬からは二〇人のペルー人が集団で福岡に来たこともありました。人材派遣業者はバブルがはじけて仕事の紹介ができなくなっていました。このような業者を頼りにして来日するペルー人もたくさんいました。来日後に頼れないことが分かります。そうすると路頭に迷う以外に道がないのが現実でした。困窮したペルー人は警察や新聞社に窮状を訴えました。警察はペルー人をどのように扱ったらよいのか分りません。警察でペルー人の口から青柳の名前が出るので、警察からは何度も私に「福岡の方で青柳さんが助けているということを聞いています。宜しくお願いしたいのですが……」という連絡がありました。

それが因ともなり果ともなって、ペルー人が私の所に来ます。私は彼らの住まいを教会にお願いしたり、連絡の取れるペルー人に一時的に一緒に住まわせたりしました。彼らのためにアパートを数部屋借りていたこともありました。

私のペルー人支援は表面的には申請書類作成や具体的な困窮支援だったのですが、見えないところでは、警察が対応できない外国人管理や入管では手を焼く作業の一端を軽減している側面も持っていたのです。言わば国の外国人政策のほころびを補完する役割も持っていたのです。

▼破綻していた政府の日系人政策を隠ぺいするための逮捕と起訴

政府の日系ペルー人労働者政策は事実上破綻し行き詰っていて、現場の警察も入管もペルー人の扱いに困っていたのです。しかし、これらの実態は表には出ませんでした。警察も検察も政府に都合悪い実態は顕在化させません。というのも、これらは日本の対外国人政策の恥部だからです。少し先走って言いますと、私の裁判でもこの実態は証言には出て来ませんでした。現場が対応に手を焼いているること自体に日本の外国人管理システムの破綻が端的に現れていました。この破綻が次第に大きくなってきて当局も隠蔽しきれなくなった時に、当局はシステムの改善を目指すのではなく、なんと支援を行っている私を逮捕して、破綻を覆い隠したのです。

私の逮捕、起訴は、国の方針に従順ではない市民を見せしめのためにつるし上げる一種の国策捜索、国策起訴だったのです。それを詳しく述べる前に、今少し私の支援活動の広がりと、それに伴って生じてきた事態を説明します。

▼相談者は約五〇〇人に、身元保証人の総計は二一八人にのぼる

日系ペルー人だけでなく外国籍の人が来日して入管に在留申請をする場合には身元保証人が必要です。保証人は申請外国人の①日本での法律遵守、②日本国内での生活費確保、③帰国費用確保などを保証します。

雇用する会社が決まっている場合にはその会社が、配偶者ビザの場合には配偶者が、団体での活動に従事する場合にはその受け入れ団体が保証します。この事情を反映して、入管では通例は日本人一人には一人の外国人、多くても数人の外国人の身元保証人になることしか認めていません。

入管には在留を希望する申請者は押し寄せます。処理はなかなか捗らないので、申請中の人がどんどん増えていきます。申請中の人が保証人を見つけるのは簡単ではありません。しかし保証人の書類がなければ審査に合格しないだけではなく、申請書類を受け付けてさえもらえません。ペルー人は3Kであっても働いたり、アルバイトをしたりしないと生活できないし、万一の時の帰国費用の約三〇万円は得られません。入管が送還と決めても帰国費用がなければその人は帰国できないので、現実にはオーバーステイ、不法滞在者とならざるを得ません。これは入管としても好ましい状況ではありません。

私が相談にのったペルー人の人数は約五〇〇人ですが、私は保証人になってほしいという相談にも応じました。私が保証した人数は二一八人にのぼりました。通例は多くても数人の保証しか認めない入管の立場からすれば、これは私の支援活動が入管の制度的な欠陥を補完する役割を果たしていたことを、むしろ欠陥の緩和に寄与していることを入管も認めていたからこそ可能な人数です。

▼「相談にのる」というより「世話に振り回される」のが実態

入管への申請書類作成やその手伝い、就業先の紹介、さらには保証人になることによって生ずる入管への出頭など時間とエネルギーと金銭の投入は相当でしたが、それ以外の支援活動の例をいま少し述べてみます。

病気の人も相談に来ます。その場合には知人のお医者さんに診ていただきましたが、ペルー人は治療費が払えません。妊婦が来たこともありました。この場合には妻に世話をしてもらいましたが、ペルー人当人への付き添いだけでなく、生まれた子どもの世話もあるので思ってもいなかった作業が急に課せられたことになりました。このような場合の治療費や入院費の算段は私以外にする人はいません。時には健康保険料が払えない、という相談を受けたこともありました。病気で来る人の相談、健康保険料の世話などのポジティブな支援だけでなく、気の滅入るネガティブこともありました。ペルー人に関わるクレームやペルー人が迷惑をかけ問題を起こした場合です。道路や部屋で騒ぐ、聞いているラジオの音楽の音が高い、道路にたむろしていて横を通るのが怖い、ゴミ出しが乱雑でアパート周辺が汚くなる、アパートの隣りのペルー人が入っている部屋に知らない人がたびたび出入りして危険を感じる等などの苦情が私にきます。そのたびに謝ったり、当人たちに注意したり、お詫びをさせたりしました。パスポート不携帯で警察に留置されているペルー人を引き取りに警察に行ったこともありました。自転車が盗られたと言ってペルー人が警察に行くのに立ち会ったりしました。

これらは相談にのったというよりも、世話をした、面倒をみた、と言った方が適切かと思います。当人たちは「世話になりに」私のところに来るのではなく「相談しに」来るのだと思いますが、私としては「振り回される」というのが実感でした。

二　家宅捜索から逮捕まで——国のでっち上げとマスコミの迎合劇としての逮捕

▼国家権力に「有害」だから「有罪」、と判断され得る人道的な善意の行動

こうしたペルー人の〝世話〟に振り回されているなか、警察に逮捕されるということが起こりました。私への嫌疑は不法就労助長罪違反でした。これは入管法の一九八九年改定時に導入された罪名で、改定時の国会審議でも人権侵害の口実にされると批判されていました。この罪名による起訴は私が初めてでした。私の場合には、最初の適用であったとともに、この罪名での立件には極めて問題の残る逮捕であり起訴でした。

あらためて申し上げるまでもないのですが、捜査は警察や検察という国家権力が行うので、「国の安寧のために有害」な事柄を捜査の対象にします。そして、ごく普通の人のごく普通の振舞に対して国家権力は危険だとか有害だとか断罪し、関係者を有罪と判断し、思わぬ不利益を与え、時には酷薄な弾圧を加えることは多くの方がご存知のとおりです。すなわち国家権力は時としてごくありふれた人の人権を蹂躙してきたし、現在も蹂躙し続けているのです。しかし、私の人道的なペルー人支援活動はなぜ捜査の対象になり、起訴されなければならなかったのでしょうか。誰にとって「有害」で、

どの点で「有罪」だったのでしょうか。

私は日本に滞在する外国人の人権も保障されるべきだという立場から、外国人支援を行ってきたことは前の章で述べました。同じように困っている外国人を助けるという人道的視点からペルー人支援を行っていました。そしてわたしのペルー人支援活動は外国人の犯罪増加を抑制したい警察の現場や外国人の入国や管理を行う入管の現場では感謝されたし、入管制度の破綻を防ぐ活動とも見られていました。しかし国はその活動を「有害」と見て捜査しました。

今までの移住労働者ペルー人支援活動の説明は在日のペルー人労働者のさまざまな局面での苦境を改善するために私が行っていた支援活動の位置づけや内容などでした。説明の視点は私とペルー人の関係にあり、困窮するペルー人を助ける善意に基づく人道的な行動の説明でした。しかし以下では、私のペルー人支援活動についての国の評価（の一端ではありますが、賞賛すべきという評価ではなく）、すなわち、私の活動は国の方針に沿っていないし、許容できない、排除すべしという批判的、弾圧的判断とその内実について説明します。視点は私の活動報告だけではなく、私の活動に対して権力の下した判断とそれに対する評価や私の対応に移ります。

国にとって好ましくない行動をする個人に対する国の弾圧は強権的で執拗です。それに対して個人の取れる行動は徹底的にまで防御的たらざるを得ません。個人の力は微弱で、国家権力の強権は圧倒的です。すなわち私個人は防御的対応をとらざるをえませんでした。しかし、国家による攻撃と個人の防御は、テーマや状況によっては、ある時点から個人とその周辺集団による反撃、さらには国家の防御的対応に変化していきます。

▼家宅捜索を知ったのは通勤途中でした

私は一九九三年九月八日に家宅捜索を受けます。北九州の学校に勤めていて、夏休みが終わり、二学期が始まってまもなくでした。移住労働者ペルー人の支援で入管への申請作業などが忙しかった夏休みが終わって、今度は学校の仕事が忙しい時期でした。家宅捜索が始まったのは朝の八時過ぎです。私は家を出るのは七時ごろなので、既に家を後にしていて、まだ学校には到着していない時間でした。

これは後で分かったことですが、私の到着以前に勤務先の学校には警察官が家宅捜索のために来ていました。学校の職員はあわてます。数人の職員は私が下車するはずの学校近くのJRの駅に向かいました。報道関係者と警察官はすでに駅に出向いていました。しかし私はその駅では下車しませんでした。学校の職員も警察官も新聞記者も長いこと待ちましたが、目的にしていた私は現れません。警察官は署に戻ります。新聞記者は待ちくたびれて解散します。学校の職員は学校に引き返しました。

学校での家宅捜索では私の嫌疑に関する捜査としては何の成果もありませんでした。私の机の上の本に挟んであったスペイン語と日本語の対照表A4用紙一枚を押収できただけでした。「おはようございます」とか「さようなら」などの挨拶の日本語とスペイン語対照表です。このようなわけで、学校での家宅捜索は捜索としては無駄でしたが、一つの目的は達しました。私の活動を警察は許してはいないのだと関係者に周知する宣伝の効果は絶大でした。すなわち勤務先への家宅捜索は見せしめであり、脅迫だったのです。

私は一〇時過ぎに福岡市の弁護士事務所に姿を現します。警察は何故私がいつものＪＲの駅で下車しないで福岡に引返すことができたのか理解できません。取調官はそのことを知りたくて仕方がありませんでした。それが警察（官）に明らかになるのは勾留されていた拘置所（私がいた独房は「福岡拘置支所第2舎3階31号室」でした。私が勾留された一九九三年には福岡拘置支所で、一九九六年に福岡拘置所に昇格したのですが、本書では「福岡拘置所」または単に「拘置所」と書きます）での取り調べ終了後のまったく予想もしていなかった私的な対応が求められた時でした（後述）。

▼弁護士さんとの連絡と家宅捜索の概略

自分が家を出た後、自宅が家宅捜索を受けていることを知った私は途中の駅で下車して自宅に電話をしました。電話は通じません。次いで旧知の福岡の弁護士さんに電話をしました。自分が家宅捜索を受けるとは思ってはいなかったけれど、何かあった時には弁護士さんに相談した方がよいことは知っていたからです。弁護士さんのアドバイスは、すぐ事務所に来るようにというものでした。私は勤務先には向かわずに、博多駅に引き返す列車に乗ります。

博多駅に着いてからあらためて弁護士事務所に確認のために電話をしました。近くにはすでに新聞記者が来ている、別のこれこれの弁護士さんの事務所に来てください、と言います。分かりました、と返事をして、言われた弁護士さんの事務所へ直行しました。その事務所に到着したのが一〇時過ぎだったのです。そこから家宅捜索の様子を知るために自宅へ電話をしました。今度は通じました。前の電話が通じなかったのは、妻は捜査員から電話には出ないようにと注意されていたからとのことでした。

その折の妻の話とその後知った諸事情を簡単にまとめると家宅捜索は次のようでした。警察官や捜査員が来ます。裁判所の令状を示します。妻はそれを確認して、罪名などはメモをしておきます。そこまではいいのですが、私には子どもが四人います。まだ朝早いので、子どもは登校前です。捜索員は子どもが家を出るまで捜索を始めませんでした。家宅捜索が事前に分っておれば弁護士さんに立ち会っていただくことも可能でしょうが、当人は知らないどころか、いつもと同じように出勤していて、通勤途中で自分の家の家宅捜索を知ったくらいですから立ち会っていただくことは不可能でした。子どもが家を出掛けた後に捜索が始まりました。捜索員は調べるものは妻に承諾を得て調べます。押収した場合には押収品のリストに記載して、そのリストは妻に渡します。私の場合には押収されたのはさまざまな文書や通帳などでした。

自宅への電話で家宅捜索の様子を知った後で二人の弁護士さんを加えて今後の対応を相談しました。その結果、当日午後弁護士会館で記者会見を開くことにしました。弁護士会館に予約したり、新聞社などに連絡したりして少し落ち着いてから近くのレストランに弁護士さんと食事に行きました。テレビでは昼のニュースで私宅の家宅捜索について放送していて、その内容は「A氏＝悪質ブローカー」のイメージを植えつける、または増幅させるものでした。すなわち警察の意図に従った内容でした。

▼弁護士さんにすぐアドバイスを求めることができた事情

私は学校の教師で、弁護士さんとは職種も違うし、活動の場も異なります。しかし家宅捜索を知ってすぐ「旧知の」弁護士さんに電話できたのは、それまでにさまざまな社会運動に参加していた背景があるからです。その間の事情を少し説明しておきます。

一九八五年、当時の中曽根首相が靖国神社に参拝しました。これは憲法違反ではないかという意見が私たちの周辺で語られていました。自分たちの考えでは不十分な論点もあるだろうから憲法学者の意見を聞いてみようということになり、仲間相集い憲法の先生である横田耕一九州大学教授の話をうかがいました。そのお話を受けて、キリスト者や仏教者の宗教者、さらには市民も加わった一五〇人ほどで憲法違反訴訟を提訴しました。提訴には弁護士さんに相談したり、お世話になったりしました。この時以来多くの弁護士さんと交流があったのです。

家宅捜索の日に知り合いの弁護士さんに会ったのではありますが、弁護士さんにしても私にしても家宅捜索の可能性を事前に察知、覚悟をしていたわけではありません。第四章で説明したアジアからの女性が被っている人権侵害に関する活動の中でも、中曽根首相の靖国神社参拝違憲訴訟の時ほどではないにしても、弁護士さんや大学の先生と知り合って、労働運動、人権侵害、平和運動などの法的な視点について学習会を開いたり、意見を交換したりしていました。その学習会の中には「国による弾圧とそれへの対策」というようなテーマもありました。ですから私は家宅捜索や逮捕についての対応は頭の中では理解していました。このような学習会の中で私のペルー人支援活動について助言したり、支援したりしてくれる弁護士さんも大学の先生もいました。既に逮捕された経験のある労働運動のエキスパートもいました。しかし、まったく人道的な観点から社会活動や支援活動を行っている私の活動に何らかの法的な疑いの目を向けた方はいらっしゃいませんでした。参加者のどなたも警察が私のキリスト教の視点からの活動を取締の対象にしているなど考えたこともなかったのです。まして私が逮捕されるとは誰も考えていませんでした。

しかし私は家宅捜索を受けました。前述のように、これは私も周囲もまったく予測していない事態でしたが、私は家宅捜索されたことを知った時にすぐ学習会のことに思い至り、まずは知り合いの弁護士さんに電話をしてアドバイスを求めたのでした。

▼記者会見

弁護士さんとの相談で開くことにしていた記者会見は午後二時ごろ始まりました。テレビ局も含めて三〇人から四〇人の取材の人が来ていました。主な内容は私の支援活動の趣旨や実態の説明でした。その場での一つの出来事をはっきりと覚えています。私が説明を終えた直後だったか、質疑の途中だったかはあいまいなのですが、一人の記者が「こりゃ確信犯だな～」といかにも聞こえよがしにつぶやいたのです。記者会見の場では私はその発言を不愉快に思っただけでしたが、後になって思いいたったことがあります。

記者がそのように感じたのであれば黙っておくこともできたでしょうし、自分の印象を確認したいのであれば、私に質問してその旨を私から引き出すこともできたはずです。うまい言葉にまぶして確信犯青柳の言質を引き出すのもできないわけではなかったでしょうし、一事を全体であるかのように書くのはそれほど難しいことではないはずです。記者の「こりゃ確信犯だな〜」という聞こえよがしの私にとっては不愉快なつぶやきは実はつぶやきではなかったのです。これは、そこにいた他の社の記者に向かって「青柳は確信犯だ」と印象付けるメッセージだったのです。青柳は警察の言う通り家宅捜索されてしかるべき確信犯であることはこの記者会見で分かった、と他社の記者に呼びかけたのです。聞えよがしのつぶやきは自分へのつぶやきではなかったし、自分の判断を私へ伝えんがためのつぶやきでもありませんでした。他社の記者への誘導だったのです。

このつぶやきの効果であるかどうかは分かりませんが、私宅の家宅捜索に関する翌日の新聞記事の内容は警察の描いたストーリーをなぞったもので、私への嫌疑は疑いようもないと読める書きぶりでした。弁護士さんを含めた私の記者会見での説明にはほとんど耳を傾けてはいただけなかったということになります。

午前中の弁護士さんとの相談では、この記者会見の後で県警に出向いて事情を説明することにしていたので、記者会見が終わってから県警に、今から説明に出向きます、と電話をしました。県警はこの出張説明を拒否します。私の演説は聞きたくない、という理由でした。私は弁護士さんと別れて帰宅します。家宅捜索の一日はこのようでした。

▼自宅待機と継続するペルー人支援

自宅と勤務先が家宅捜索された後、私は勤務先から自宅待機を命じられます。自宅待機中でもペルー人を支援する活動は続けました。というより続けざるを得ませんでした。私は自分の支援活動にやましい点は少しもないと確信していました。それに自分の支援活動で他の人に迷惑をかけたというわけではありません。カトリック吉塚教会と自宅の間の道路をペルー人がたくさん通り、〝ペルー人ロード〟と迷惑がられたり、クレームを持ち込まれたりしたことはありましたが、周囲の人にお詫びを言ったり、ペルー人を注意したりしていました。家宅捜索の対象になるようなことではありません。このように私が自分のペルー人支援活動を中断する理由はなかったのです。

私の家宅捜索によってペルー人の中では動揺が起こったのは事実です。自分の身分や行動に何らかの弱みを持っているペルー人はたくさんいました。そのような弱みは持っていないペルー人にとっても入管や警察は怖いところです。私がその警察の捜査の対象になっていたので、動揺が広がったのです。ですから、帰国をしたいので世話をしてくださいというペルー人もいました。しかし、引き続き日本にいたいし、相談する人は私以外にいない、というので私のところに相談に来るペルー人は引き続きたくさんいました。私が家宅捜索を受けたからといって、ペルー人に仕事を紹介する、アパートを紹介する、少しのお金を貸してもらえる、一緒に入管に行き書類の書き方まで世話をする、戸籍を取り寄せる手伝いをする、雇用主の要望を聞いて対応を講ずるなどを行う個人や団体が急に表れるわけではありません。私以外にはいませんでした。それにペルー人を紹介された会社の人も何かあると私に相談する以外に手立てはありませんでした。

このように私の家宅捜索後も私へ相談せざるを得ない人はたくさんいて、私は相談に乗り、支援活動を続けざるを得なかったのです。しかし私の作業は以前とは少し変わりました。それまではペルー人の自己申告によって書類を揃えていたのですが、家宅捜索後はペルー人のパスポートを検査するようにしました。検査するといっても素人のすることですから表面的なことしかできませんが、少し用心深くなったのです。パスポートの検査に少し注意を払うようになっただけで、以前と同じように入管にはペルー人と行きます。

入管の係員は私の警察沙汰を心配していました。「心配する」のは青柳の身を特段に気遣っていたわけではありません。自分たちのことを気にしていたのです。一つには、私以外にペルー人の入管手続き支援をする人はいないので私の警察沙汰で手続きが滞るのが心配だったのです。いま一つの心配は入管という組織がらみの心配でした。警察は、私にかけられている嫌疑は入管と相談の上で実行していると判断しているのではないか、いずれ嫌疑は福岡入管にも及ぶのではないか、という心配です。入管はその二点を心配はしていても、私との協力関係は維持していました。

▼支援集会、記者による再度の取材

カトリック吉塚教会の中では、私が「警察沙汰」に巻き込まれたことで私とは距離を置く人もいました。無理もないことです。もともと信徒さんたちの間にはペルー人を歓迎しない人もいました。それまでは教会内では日本語だけが喋られ、聞こえていました。ペルー人が来るようになってスペイン語が行き交うようになります。理解できない外国語を話す人に対しては親しみを抱くよりも拒否反応が先行するのが通常の反応です。また、以前はなかったことですが、教会内で時々物がなくなるようになっていたのです。疑いはペルー人に集まります。またペルー人は日曜日には御ミサの後で食事会

をしますが、ペルー人の料理は日本の料理とは少し違います。食事のマナーも違います。それやこれやで、ペルー人支援に眉をひそめる信徒さんもいました。そして私の「警察沙汰」にからんでペルー人も何人か捜査の対象になっていたので、私への距離感というよりも、ペルー人を見る目に変化があって、その変化が私への対応にも反映されていたのです。

私と一緒に支援運動を進めた方たちの間には、この家宅捜索による動揺や対応の変化はほとんど見られませんでした。むしろ私の家宅捜索に非常に大きな危機感を抱き、このまま見過ごしては人権運動に大きな禍根を残すと考えて、直ちに救援会を立ち上げています。前述のアジアからの女性たちを支援していた「アジアに生きる会・ふくおか」、私周辺の弁護士さんたち、労働者の人権侵害を厳しく糾弾していた労働組合、市民の人権擁護を担っていた市民運動グループや個人が中心になっていました。そしてこの会が主催して、九月八日の家宅捜索直後の一三日には私の家宅捜索を糾弾する9・13緊急集会が開かれています。前述したように、私の周辺で私への家宅捜索は話題に上ったこともない状況下では非常に素早い緊急集会でした。それくらい私の家宅捜索への怒りと危機感が大きかったともいえます。上の写真はその時の様子です。集会のタイトルには私の名前はなく、家宅捜索時の新聞記事さながらに「Aさんの……」と書かれています。

前述したように九月八日の家宅捜索後、私は勤務先から自宅待機を命じられていました。一三日に支援集会があり、それ以外の日はペルー人支援活動に明け暮れていました。二六日に勤務先から連絡があり、翌二七日に話し合いのために出勤しました。そして久し振りに理事長と校長に会いました。その席で、自宅待機は解くが「警察沙汰」のことがあるので教壇には立たないでもらいたい、すなわち授業はしないで事務の仕事してほしい、と言われました。私は了解して急いで福岡に引き返します。それは、家宅捜索後の救援会の結成にも積極的に参加していた「アジアに生きる会・ふくおか」の趣旨に賛同し、アジア人の日本での人権などについて関心を持っていた県会議員から、近いうちに議会で私宅の家宅捜索について質問したいので事情を聞かせてほしい、と言われていたからです。

私たちはホテルのロビーで会って話しました。ところがそこに新聞社の記者がいて、私は主としてペルー人支援活動でのお金の流れについて取材を受けました。この取材を私は反省してもいるし後悔もしています。取材を受けたこと自体は間違ってはいなかったのですが、記者の質問への答え方が不用心だったのです。それが後悔する点です。この点は後述します（一五四〜五ページ）。

私はこの夜逮捕されます。これは警察とマスコミの合作による逮捕劇であり、国策逮捕でもありました。これには、私の逮捕罪名とそれをめぐる国の外国人労働者政策の実情、およびストーリー通りの逮捕劇と言わざるを得ない実態が関連しています。その間の事情を以下で説明します。

▼私を悪徳ブローカーに仕立て上げるための不法就労助長罪適用

私が家宅捜索された嫌疑の罪名は不法就労助長罪違反です。入管法に一九八九年に追加された罪名です。当時の社会状況を背景にして、不法滞在者に就業先を紹介、斡旋して高額な、且つ不当な斡旋料を得る悪質ブローカーを取り締まるのを目的として新設されたのです。国会審議の中では、この罪名で人権侵害が危惧されるという意見も根強かったので、この趣旨での厳密な法の執行を求める付帯決議が付されて成立したいわくつきの人権侵害的な入管法改定でした。

警察や検察の内部でこの罪名の適用についてどのような検討が行われたのかは不明ですが、成立以降この罪名で家宅捜索され、逮捕され、起訴されたのは私が初めてです。すなわち私のペルー人支援活動への弾圧の名目は、私の活動を悪質ブローカー的行為であったと臆断、強弁する以外にはなかったのです。成立趣旨が「悪質ブローカー取締」である不法就労助長罪が家宅捜索や逮捕の根拠であれば、多くの人は「青柳行信＝悪質ブローカー」像を持ちます。これが警察の目論見でした。マスコミは警察と一体となってこれを増大させていったのです。私の支援活動の内容を知らなくて、警察の発表やマスコミの報道を「真実」と信じている多くの人は「青柳行信＝悪質ブローカー」としか思い浮かばなかったのです。

▼青柳弾圧の位置と意味

なぜ警察は私をまったく根拠のない悪徳ブローカーに仕立て上げなければならなかったのでしょうか。これは国の日系人労働者政策の破たんを隠蔽する手段だったのです。

ジャパン・アズ・ナンバーワンとはやし立てられていた八〇年代には日本はビザ発給の条件を緩和して政策的に中東からの単純労働者を多量に受け入れていました。しかしバブル経済の崩壊により彼らの職場は縮小され、解雇されます。中東からの労働者は街に放り出されたのです。ホームレスになったり、人通りの多い街中で道路に布を敷いてアクセサリーや小物を販売したりする人が増加しました。福岡の天神でもよく見かけました。東京では上野公園にブルーシートで即席ハウスを作り、そこに寝泊りする人もいました。働いていないのでビザの更新時期になっても更新はできないので、オーバーステイ、不法滞在者が増加します。

マスメディアは不法滞在者が増えると犯罪が増加するという排外的な雰囲気をつくり上げます。犯罪を目的として日本に来る外国人がまったくいないとは言えないかもしれませんが、外国人と見ると犯罪者に結び付ける雰囲気が広まっていました。不法滞在者の多くが犯罪に手を出すというのはマスコミが捏造したイメージです。このようなイメージが生まれてくる根底には日本社会の排外的傾向と差別意識が指摘されるのですが、マスコミはセンセーショナルに書き立てて差別意識と排他性を増幅していきます。

不法滞在者が犯罪の温床になっているというマスコミの報道に浮足立った国は不法滞在外国人排除のキャンペーンを繰り広げました。数年前も不法就労外国人対策キャンペーン月間が行われているというニュースに接しました。九〇年代もこのような名称だったのかもしれませんが、私たちの周辺では「不法就労者取締り月間」と呼んでいました。この名称の方がこのキャンペーンの実態を示しています。そして六月がその取締り月に当てられていました。政府は不法滞在者あぶり出しの世論を高めようとしたのです。国もマスコミも不法滞在者への強権的排斥に走り出したのです。

そのなかで警察は、東京・代々木公園に簡易ハウスを急造し、そこで生活していたり、路上で小物を売っていたりしていたイラン人や中東からの労働者をビザ所持・不所持にお構いなしで一斉に検挙し警察車両に強制的に乗せ、排除します。そして警察や入管に留置、勾留、収容して、強制送還しました。これが一九九三年九月七日のことです。そして翌日八日には私への家宅捜索です。

当時は中東から来日していた単純労働者にはイラン人が多かったので、街に追い出されて不法滞在せざるを得なかった中東出身者にもイラン人がたくさんいました。一九九〇年代冒頭には不法滞在者約三〇万人、うちタイ人が約五万五千人、イラン人が約四万人と言われていました。多くの人は「中東からの不法就労者＝イラン人」と考えていて、新聞記者は不法滞在者のテーマで「東のイラン人、西の青柳」と言っていたそうです。警察もマスコミも私の支援活動の内実は知らないまま、不法滞在者は帰国させるという国の方針にしたがって、外国人労働者を支援する日本人として私を見ていたのです。

警察は私のペルー人支援活動の趣旨や内実をよく調査した上で「青柳は悪質ブローカーである」と判断して不法就労助長罪違反で私の自宅を家宅捜索したのではありません。私の活動の趣旨や内容については把握していないまま、当時の社会状況の中で不法滞在者批判のガス抜きとして、見せしめとして、一種の「いけにえ」として、不法滞在者支援とは何の接点も持っていない私をターゲットにしたのです。まさに国策捜査であり、国策起訴だったのです。

▼逮捕が遅れた理由

私の家宅捜索は九月八日ですが、逮捕は二七日です。通例は、容疑がほとんど確実だけれども証拠が幾分不足しているというような場合に、その証拠確保のために家宅捜索をします。家宅捜索をしてそれ相応の証拠を見つけて余り間を置かずに逮捕するのです。私の場合は家宅捜索から逮捕まで一九日間という時間がありました。

私が聞き及んだ範囲で言いますと、私の場合は通常の捜査ではありませんでした。それは、警察内にこの罪名での捜査を疑問視するスタッフがかなりいたこと、罪名にふさわしい証拠は出なかったということ、マスコミからせきたてられていたことの三点です。三点目は次節で説明することにしまして、この節では最初の二つの点について述べます。

前述したように「東のイラン人、西の青柳」と私をあたかも不法滞在をそそのかしている首謀者のように仕立て上げ、外国人排斥運動の「いけにえ」として、東京で街頭イラン人を排斥した次の日に福岡で私宅の家宅捜索です。しかし私のペルー人支援は不法滞在外国人擁護運動とは無縁でしたし、外国人労働者を搾り取ろうというような意図はみじんもありませんでした。人道的であり、私的な利益を無視した活動であることを警察の中でも認めている人はいました。東京でのイラン人摘発、福岡での青柳宅家宅捜索という外国人排斥キャンペーンにぴったりのスケジュールに合わせた国と警視庁の国内治安上のでっちあげに福岡県警は組織的に協力させられていたのです。このような事情で、県警内には外国人排斥キャンペーンの一環として見せしめの捜索を青柳に対してすることは捜査権の濫用であり家宅捜索はするべきではない、という反対論、または慎重な意見があったのです。県警内の外国人排斥積極派や体制賛成派が慎重意見を内部で説得する、と言えば聞こえはいいですが、実際は引きずり下ろすのに時間がかかったのです。

私の耳には、警察は外部に向かっては一体化して対応するのですが、内部では一体化して動くというのは珍しく、内部での功名争いもあり、青柳逮捕で点数を稼ぎたい人もいたと聞こえていました。

このように私への対応については県警内にも相反する意見があったのに加えて、私の場合、どんなに探しても警察が手にしたい悪徳斡旋業者的な証拠は見つからなかったのです。そもそも筋違いの嫌疑ですから、嫌疑に対応する証拠が存在しないことは十分考えられることです。むしろ「青柳行信＝悪徳ブローカー」的な証拠が出た方が不自然な実態だったのです。

一九日間という時間は証拠探しに、というよりでっち上げ嫌疑の理由をつくり出すのに必要であったし、内部調整、すなわち逮捕反対派を封じ込めるのにも必要な時間でもあったのです。ですから、私の逮捕は行われなかった可能性も、理論的には、なかったわけではありません。私は、それは理論的にはあり得るが、実際にはあり得ないことだったと判断しています。それは国が私のペルー人支援を国内治安上放置できなかったからです。まさに私の逮捕が国策捜査だった所以です。

▼マスコミと警察の癒着と情報操作

「ダーティな青柳行信」のイメージを捏造し、それを流布するのにマスコミは警察と手を組んで世論操作に協力していました。そして私の逮捕劇は警察とマスコミが互いの面子を立てた共同演出によるみせしめ劇でした。警察とマスコミの二人三脚というと奇異に感ずる向きがあるかもしれませんが、私が、九月八日の家宅捜索以後折々の取材、特に二七日夕方に県会議員の人に説明した後に受けた記者の取材についてはマスコミと警察の共同歩調を強く感じていました。共同歩調、共同で書いたシナリオと考えざるを得ないその間の事情を説明します。これが前節で指摘しておいた三点目です。

マスコミと警察は阿吽の呼吸で相互に利益を得ています。既に述べたように、私の家宅捜索は自宅ばかりではなく、勤務先の学校でも行われています。その際に家宅捜索を受けた学校関係者は私が下車予定の駅に急いで駆けつけたのですが、その駅で私の下車を待っていたのは捜査員だけではありませんでした。新聞記者もその駅で私の下車を待機していました。それを見ると、捜査員が待機するのは当たり前ですが、県警付き新聞記者は警察とツーカーであることがよく分かります。

記者は警察から情報を貰う代わりに警察に都合いい情報を書き散らします。私の家宅捜索については前日にでも警察から新聞記者に知らされており、家宅捜索のニュースは家宅捜索の始まる前にでき上がっていて、家宅捜索の画面を入れればでき上がるように用意されていたのかもしれません。加えて、私の下車した現場で私にインタビューできればマスコミとしては申し分なかったのでしょう。

事態は警察のシナリオ通りには進まないケースもあります。その例が、私が家宅捜索された朝の私の行動です。記事はでき上がっていて、家宅捜索の画像は撮影できました。ところが私は下車予定の駅では下車しませんでした。これはマスコミも警察も予想していない出来事でした。その点で私の家宅捜索のニュースは警察とマスコミが描いた通りにはいかなかったのです。駅で私へのインタビューができなかったのはマスコミとしてはこの家宅捜索のニュースに画龍点睛を欠いたというべきかもしれません。家宅捜索や逮捕劇まではマスコミは警察と相携えて行動していましたが、それが終わればマスコミは私のことに関心は示しません。青柳問題は一件落着です。忘れます。しかし警察は忘れません。家宅捜索の朝、私はどうして警察の描いたストーリー通りに予定されていた駅で下車しなかったのか。警察はこれを解決できなかったし、忘れてもいませんでした。

このように小さなシーンではシナリオ通りに進まないケースもありますが、大筋では国もマスコミも自分たちの書いたシナリオに従って世論を操作していきます。国と警察は不法滞在イラン人排除のキャンペーンを主導し、マスコミがそれに便乗して「不法外国人＝犯罪者・犯罪予備軍」と書きたてました。両者ともに冷静に対外国人労働者政策について論ずる余裕を持っていなかったので後戻りはできなかったのです。自分たちの政策や主張を証明できる「いけにえ」をつくり上げなければならなかったのです。そして、そのターゲットにされた私は「悪徳ブローカー」でなければならなかったのです。警察と検察にとって私は不法就労助長罪の適用にふさわしい行動をしていなければならなかったし、マスコミとしては「あぶく銭に手を出す青柳行信」像をつくり出さなければなりませんでした。記事はその趣旨で書かれ、記者の取材はそれを確かめる範囲内で進められていたのです。

▼警察による「青柳三〇〇〇万円不正使用」という情報操作の実態

私が家宅捜索を受けた時に私の個人口座に四〇〇万円、後述するアミスタド口座に八〇〇万円の残額がありました。ペルー人支援活動開始当初はすべて私の支弁で活動していたのですが、活動の幅が広がり件数が増えるととても個人での支弁はできなくなりました。二〇二一年の現在では、NPO法人設立などでこのような状態への対応は可能ですが、当時はそのような制度はありませんでした。この制度の法的整備がなされたのは一九九八年です。一九九一年の時点ではそのような合法的組織は考えられませんでした。

一九九二年になるとペルー人の中から個人での負担は限界でしょう、支援活動のためにカンパを募りましょうという声が上がってきて、私の個人的な口座に振り込んでもらうこともあったし、私への手渡しもありましたが、ともかくカンパが集まるようになりました。支援活動はますます拡大して出費もかさんでくるなかで、日本の会社や支援者からの経済的援助も期待できるようになってきました。そのために「アミスタド アソシアシオン」（「（ペルー人）友好協会」）を立ち上げ、口座もつくりました。しかし前と同じように私の個人口座に振り込む人もたくさんいました。

カンパは相談に来たペルー人の会社にお願いや交渉に行く交通費、教会での日本語教室にかかわる経費、通訳に協力していただいた方への交通費や謝礼、ビザ申請のための諸費用、宿泊先のあてもないまま相談に来たペルー人のためのアパート借り上げ料や生活道具の購入費、一二四ページで述べたようなアパートからいなくなったペルー人の部屋代や生活用品の後始末費用、病気で相談に来るペルー人の治療費に使用しました。出産間近で相談に来た女性の出産費用も負担しました。大きな問題は私が保証人になっている二〇〇人以上に上るペルー人の、いざという時のための帰国費用負担でした。

しかし日々の出費は私が一時的に立て替えておいて、協力金から私の口座に移し替えていました。

また私が手出しした項目や金額は精算しないままのものもありました。私の支援活動を支えていただける影の人がいるわけではありませんし、私にしても妻にしても毎日毎日ペルー人の相談と支援に追われて、出費はメモの程度でしか残していませんでした。ゆっくり項目別に整理してお金の収支を計算して、私の口座から協会の口座に移し替えるような状況ではありませんでした。そのような状況の下で家宅捜索を受け、先に述べた金額が両方の口座に残っていたのです。少し後の対応ですが、この残額の処理については駐日ローマ教皇庁大使館を通してペルーの子どもの教育援助に使っていただいたり、福岡県弁護士会に人権活動費として寄付したりして清算しました。

私は対価を求めてペルー人を斡旋していたのではありません。斡旋業的な判断は少しもしていませんでした。斡旋の作業から得る経済的な利益は予定していなかったし、現にありませんでした、苦境にあるペルー人に対する人道的支援の観点からの斡旋でした。困っている人を助けるという隣人愛的な視点からの作業でした。しかし支援活動の経理において収入は私への手渡しとどちらかの口座への振り込み、支出は私の手出しと口座からの支払い、さらには移し替えの停滞というように経理が一本化していなくて錯綜しているきらいがありました。警察はそれに目をつけて、人道的ペルー人支援の実態を覆い隠すために私の経理を口実にして「ダーティーな青柳行信」像を捏造したのです。その例が「三〇〇〇万円不正使用」という情報操作です。警察は、青柳は三〇〇〇万円のお金を扱っていたと発表しました。家宅捜索で通帳を押収しているので扱った総額は簡単に分かります。しかし、その発表で私があたかも多額の協力金を集めて私が個人的に使用したり私服を肥やしたりしていたというイメージを振りまいたのです。

九月二七日、私は北九州の勤務校に行き今後の対応を話し合いました。それが済むと、福岡で県会議員と会いました。その県議との打ち合わせ中に後ろで打ち合わせが終わるのを待っていた記者がいました。打ち合わせが終わるとすぐに立ち話の形で「三〇〇〇万円のお金を扱っていたそうですが……」と聞かれました。私は両口座分ともに不正な使用はしていないし、家族に迷惑をかけるほどの多額の負担もしているし、持ち出しをしたのも分かっています。その実態を説明しようとして「たとえ三〇〇〇万円を扱っていたとしても……」と言って、経理にまつわる事実をいろいろと述べました。もちろんペルー人の保証人になったことで、ペルー人に万一のことがあった時の帰国の旅費も確保しておかなければならない事情なども説明しました。

私が入管での保証人になったペルー人は二一八人でした。保証している全員が旅費の一部も払うお金を持っていない、という事態は起こらないでしょうが、当時の帰国費用旅費は一人約三〇万円ほどでしたから万一の場合には相当額を私は保証しなければならない立場だったし、一人分の三〇万円にしても私個人にとっては多額です。あなたは保証人だから即刻保証しなさい、とは言われないと思っていましたが、相当額を準備していなければ家庭を持っている私としては不安です……などを詳しく説明はしたのですが、記者は保証人についての私の説明にはほとんど気に留めていませんでした。警察が「青柳氏は三〇〇〇万円扱っていた」と発表していたので、私の「たとえ三〇〇〇万円を扱っていたとしても……」のうちの「三〇〇〇万円」の部分のみで「警察発表の通り」と確認したのです。私の支援の実態や切実な保証金の必要性については理解してくれませんでした。記者のその様子は明らかで、私はだんだん腹立たしく感じ始めました。それが理由で、最後には記者に「ここに三〇〇〇万円あったら私の代わりに支援活動をされますか」と聞いたほどでした。

翌日の新聞の書き方は相変わらずで、青柳は三〇〇〇万円扱っていたことを否定しなかった、という雰囲気の記事で、警察の書いたストーリーから一歩も出ていませんでした。支援の実態ではなく、金額のみを口実にして「金集めの青柳行信 三〇〇〇万円を不正使用」のイメージを流布させたのです。私はこの警察とマスコミの合作に不用心にも「たとえ三〇〇〇万円を扱っていたとしても」と返答したことを反省もし、後悔もしているのです。

▼警察とマスコミによる「青柳は中洲で遊んでいた」という情報操作の実態

警察は「青柳は中洲で遊び回っている」と記者に吹き込んで「ダーティな青柳行信」のイメージを捏造しました。警察から情報を得ているメディアとしては、これは「悪徳ブローカー青柳行信」像の傍証として持っておきたい青柳像でした。「中洲で遊び回る悪徳ブローカー青柳行信」像の実際は次のようでした。

私がペルー人を紹介した会社の経営者が私を中洲に招待してくれたことがありました。警察はレストランの領収書を調べれば、招待してくれた業者がいくら支払ったかはすぐ把握できます。調べてみました。一万五〇〇〇円の食事代でした。警察がこれを私のダーティなイメージを拡大させるために大げさに記者に吹き込みます。記者は「中洲で遊んでいる青柳行信」像を書くためにはこのことを一応は確認しておきたいと思っていたのだろうと推測します。記者が支払い額を調べることはできません。それで記者はある時の取材で私に「中洲によく行かれていたそうですね」と聞きます。私は事情を話して、その金額を言いました。記者も二人での支払額一万五〇〇〇円と分かれば何も言えません。ただ苦笑するだけでした。これだけでは記事にはなりませんが、何かの時に私の説明をする際に「中洲に行っていた青柳氏」という一行を付け加えることはできます。警察に都合よく、ダーティーな青柳というマイナスのイメージを広げるための情報操作です。マスコミはその操作に便乗して心情的な記事に仕上げて世論を国や警察の求める方向に誘導しているのです。

私の逮捕と前後して警察とマスコミ合作のこのデマが広がり、ペルー人支援を心情的に支持していた方の一部にもこのデマを信じて、「青柳さんの行動はボランティア的なものと思っていた。そんな金額を扱っていたとは知らなかった。青柳さんの行動には裏切られた」と支援活動自体と距離を置く人もいました。マスコミのいい加減な書き方がデマとなり、結果としては警察の思う壺の「ダーティーな青柳行信」像という結果がもたらされたわけです。

このように私の場合には、警察は国の方針に従って都合よく犯罪者をつくり出す、たとえそれが人道的に行動している場合でも、という事実が如実に示されたのです。その意味で国は私を見せしめ、さらし者にしたのです。

▼そして、警察とマスコミの合同演出による逮捕劇

金額としては三〇〇〇万円と一万五〇〇〇円とでは大きな違いですが、県警としてはこのような二つの数字をマスコミに流さなくてはならないくらい私の自宅と勤務先の家宅捜索をしても不法就労助長罪に抵触する証拠も資料も探せなかったのです。私への嫌疑は国と警察の妄想で、でっちあげたストーリーの中にしか存在しないのですから、それを実証する証拠は存在しないのは当然です。

県警としては、前述したように、内部には家宅捜索は失態だったという判断があったにもかかわらず、政府が進める不法滞在者取締キャンペーンをなおざりにしてはいないとアピールはしなければならないし、家宅捜索は失態と見られることを避けなければなりません。すなわち私を逮捕せざるを得ませんでした。しかし、他方では青柳擁護の世論が広がりそうでした。九月八日の家宅捜索から間を置かず九月一三日には家宅捜索糾弾緊急集会が福岡で開催されています。また私の家宅捜索への批判、逮捕反対の声が各地で上がり始めていたし、県議会で質問されそうな事態になっていました。警察は内部的な葛藤を抱えながらも、外部で青柳擁護の声が大きくなる前に、面子を保つためには私を逮捕せざるを得なかったのです。

マスコミとしては家宅捜索の結果はどうなったのか気にはなります。マスコミも「東のイラン人、西の青柳」を不法滞在者対策の切り札とみなしていたのですから、自分たちも手を貸していた不法滞在者取締キャンペーンの一環として家宅捜索を行ったのに警察はその青柳を放置している、ではマスコミは面目を失います。不法滞在者対策は野放し状態になるのではないか、という建前の主張を立てながらも、自分たちの言い分が無視されそうになっていることへのいら立ちもありました。

このような状態だった県警とマスコミは阿吽の呼吸で私の逮捕劇を共同で上演したのだ、と私は考えています。そう考えざるを得ない体験をしているからです。

私はこの日、一九九三年九月二七日にしたこととその日の記者の誘導質問的取材は前述の通りです。九月八日の家宅捜索のニュース記事は家宅捜索の前に既にでき上がっていたかもしれない、と私は前に述べましたが、青柳の逮捕記事も同じように逮捕前にはできていたのでしょう。マスコミの願望と国や県警の方針とが一致していたという判断もさることながら、この日の記者の行動が実に不可解だったからです。その不可解さも警察とマスコミの共同演出の逮捕劇という筋書きが分かればたちどころに氷解します。

二七日夜ですが、県会議員への説明も終わり、記者の取材も終了しました。すると記者が私に、まっすぐ帰宅しますか、と聞きました。私は、おかしな質問だ、とは思いましたが、ハイと答えました。議員さんとも別れてタクシーに乗ります。記者も別なタクシーに乗ります。これはごく普通の行動なのですが、記者の乗ったタクシーは私のタクシーの後ろを走って来ます。それに気づいた私は、そのようなことは今までに一度もなかったことなので、再び、おかしい記者だと思いました。気になって途中で降りて家まで歩きました。

家に近づくと、通りがざわついています。いよいよ家に近づくと警察の投光器に一斉にスイッチが入り、記者が一斉にフラッシュをたいて写真を撮ります。警察の署員が逮捕状を示します。逮捕状には、六名のペルー人に仕事を紹介したと記されていて、「業とし」て行ったという文言がありました。私はそれを見て、「私の職業は教諭です。紹介業ではありません」と抗議しました。抗議しても逮捕が中断されるわけではありません。

私はこの日に逮捕され、以降一一五日間の留置と勾留の時間を過ごすことになるのですが、以上が、マスコミは警察の書いたストーリー通りに報道すると私が考えざるを得ない理由、加えて逮捕までに一九日間という間隔があった理由の説明と警察とマスコミによる逮捕劇の様子です。

私の逮捕後もペルー人は教会に来ていました。これは掲載した歌をスペイン語で歌っているシーンです。

▼帰国するペルー人が作った歌

私が逮捕されたのでペルーに帰国した人もいました。そのうちの一人はペルーで先生をしていたのですが、日本に来て働いていました。逮捕された夜の東警察署での抗議行動に参加できなかったのを残念がっていたそうですが、その人が帰国する時に「青柳さんに贈る歌」をつくってくれました。この歌詞が前述（一〇四ページ）した「共に生きる Ⅰ」に掲載されているので再掲します。

どんな時でも救けて下さった青柳先生に感謝の心を込めて、
日本からわかれを告げるペルー人の歌

青柳さんに贈る歌

1
この土地からわかれの時が来た。
今日は悲しみあふれる日。
本当に離れたくない。

2
出会ったのは昨日みたい。
「日本にようこそ」といってくださった。
あの時の笑顔はこの国に命を与えた。
（コーラス）　本当に離れたくない。だが現実は違う。
着く人もいる…発つ人もいる…
残るのは思い出だけ。
先生の生き方、先生の手本は心に残る。
本当に離れたくない、だが現実は違う。

3
親友の青柳先生、本当にありがとう。
おかげさまで助かった。
今日こそ二か国の旗が結ばれた。
赤と白はやはり兄弟のようだ。

4
憧れの日本、次々に変わることなく、
いつまでも強く昇るあの太陽のようにあれ。
今までにない強さを持って聞かせてあげたい。
我がペルーはあなたが好き。
（コーラス）　本当に離れたくない。だが現実は違う。
着く人もいる…発つ人もいる…
一人も残らず先生に信頼を置いて。
先生の生き方、先生からのすすめは残る。
本当に離れたくない、だが去る他はない。

（スペイン語の歌詞を日本語に翻訳）

第七章　拘置所の生活と取り調べ、そして裁判

完全黙秘と仲間の支援

一　取り調べでの黙秘、逮捕の契機となった職業紹介、綱渡り的起訴という実態

▼逮捕当夜――留置と支援者の夜中の激励

私は警察の投光器と新聞記者のフラッシュの中で逮捕されました。一九九三年九月二七日の夜です。妻や家族に別れの挨拶をして、手錠をかけられ、警察車両に乗せられて福岡県東警察署に連行されました。警察官は「警察署の裏門から入る」と言って、細い裏道を走りました。どうして正門から入らなかったのか理解できません。何らかのトラブルが起こるのを心配したのかもしれません。警察の建物内に入ると持ち物を預けさせられました。今から考えると預けるのを拒否できたのかもしれませんが、その時にはそういう考えは浮かびませんでした。

正面からと左右から写真を撮られます。指一〇本の指紋を取られます。在日コリアンの指紋押捺拒否運動に参加していたので、指紋押捺は拒否しました。しかし逮捕された時には拒否しても無駄でした。係員が丁寧に私の手をとって一〇本すべて指紋を取られました。取り調べが始まります。

この時に取調官は黙秘権の行使について何の説明もしませんでした。この日は朝からいろいろなこ

とがあったので、記憶していないのかもしれませんが、私は逮捕などについて少しは学習をしているので、黙秘についての説明のなかったことを「おかしいナ～」と思ったことは覚えています。もしかしたら取調官が説明を省いたのかもしれません。しかし私は弁護士を呼んでもらうように要望しました。分ったという返事でした。その時になって私は預けた黒いバッグの中に支援者の名前を書きこんだ手帳を入れていたのを思い出しました。そうなると気が気ではありません。取り調べが始まりそうになった時に隣室の電話が鳴りました。取調官は部屋を出て隣室の電話に出ました。帰って来た時には黒いバッグを手にしていて、「お返しします」とそれを返してくれました。手帳は手付かずのままでした。私は何も言わなかったのに、何故バッグを返してくれたのか、先ほど鳴った電話はバッグ返却と何らかの関係があるのか、何も分かりませんが、安心はしました。

取り調べが始まりました。しかし取調官が、青柳さんの取り調べは長くなる、調書は相当数になる、ゆっくり進めたいと述べて、この日の取り調べはすぐ終わりました。寝る部屋「房室」に行きました。ここはタタミ四畳くらいの汚い部屋でした。床は擦り切れたビニールタタミでした。トイレが付いていました。既に若い男性が一人横になっていました。

朝から北九州の勤務先での相談、午後は県会議員との打ち合わせと記者の取材、そして自宅横での逮捕と連行と続いた一日でした。ですからぐったり疲れているはずなのですが、この夜私は寝付けませんでした。出頭の要請も命令もなく、記者のみが事前に知らされていた逮捕劇の当事者にさせられていたという心穏やかにはなれるわけもない、というよりも憤懣やるかたない、当夜の事情もありますが、寝付けなかった今一つの理由は当夜の思わぬ出来事でした。

房室で横になると間もなく外から「青柳さんを釈放せよ！」とか「不当弾圧を許さないぞ！」とか「県警は人権弾圧するな！」とか、「青柳さん、がんばれ！」とラウドスピーカーでアピールして私を励ましているのが聞こえてきたのです。

家宅捜索直後に労組の関係者、「アジアに生きる会・ふくおか」の会員、人権擁護に関連する会のメンバー、教会関係者のメンバーも加わって救援会が結成されていたのですが、その救援会の会員の方々が十数名、逮捕劇直後に留置された東警察署に集まって、留置場の入っている建物の近くの路上で抗議集会を開いてくれたのです。そのコールが留置所の部屋に聞こえてきたのです。このコールは一時間くらい続きました。私がこの支援に感激もしましたし、今後の闘いへの闘志もわいてきました。疲れているはずの逮捕第一日目になかなか寝付けなかったのはこういう事情でした。

▼逮捕二日目と三日目

二日目のことで私が覚えているのは、前日は部屋にいた青年がいなくなっていたこと、弁護士さんが来てくれて黙秘するように、取り調べには応じないように、と言われたことだけです。それ以外のことは覚えていません。私は後で知ったことですが、この日九月二八日に二回目の家宅捜索を受けています。九月八日の第一回目に同じく検察が探している証拠も資料も見つかりませんでした。「見つからない」というと「上手に隠しおおせた」と聞こえるかもしれませんが、そうではありません。私には隠すべきものは何もないのです。私のペルー人支援活動には、逮捕の口実である不法就労助長罪に抵触する「悪徳ブローカー」的な要素は何一つないのですから、見つからないのも無理はありません。

逮捕三日目のことはよく覚えています。この日も弁護士さんが来てくれました。「黙秘した?」と聞かれました。二日目の取り調べで世間話などはしていたので、「はい」と答えます。「何か喋ったろう?」と聞かれます。前日に取調官と交わした会話は「おはようございます」などの挨拶程度の他愛もないもので、逮捕内容に関することについては喋らなかったので、その内容を報告しました。ところが弁護士さんには注意されました。世間話もしてはいけない、調書のどの部分を採用するかは検察側の意向にまったく任されているのだから、この話題は事件に関係ないと被疑者としては思っていても、検察はどうとでも解釈する、というのです。完全に黙秘するように、と再度注意されました。完黙が求められたのです。他愛もないことや短い世間話は言わずもがな、ハイとかイイエというような短い返事もしないように、というわけです。「おはようございます」もご法度です。完黙というのはそのようなことで、何も喋らないように、と言われたのです。

加えて、妻からの私への伝言もありました。今まで自分の言うことは何も聞いてはくれなかったけれども、このことだけは聞いてください、というお願いの伝言でした。しかもそのお願いの内容は「是非とも完黙してください」というものでした。妻は救援会の会長ですから、それが救援会の意向でもあったのです。

このようなわけで、三日目の取り調べは完黙で通しました。三日目だけではなく、警察署から移送された福岡拘置所での取り調べも完黙でした。

▼長期取り調べと代用監獄制の人権侵害

戦前、戦中の人権を無視した警察の取り調べへの反省から、戦後の刑事訴訟法では警察での取り調べは七二時間、すなわち三日間に限定されています。しかし「やむを得ない理由」がある場合には、検察が申請して裁判所が了承すれば、取り調べ期間は一〇日間延長が可能です。そしてこの延長は二回まで認められています。このように通常では取り調べは最長で二三日間できるのです。

福岡県東警察署にいた三日間の取り調べでの会話といえば二日目の他愛ない挨拶程度で、三日目は黙秘でした。検察は勾留延長を申請して、裁判所はそれを認めました。一〇日間の勾留延長決定です。私は東警察署から藤崎にある福岡拘置所に移送されました。

勾留延長の時に被疑者の身柄を警察署に残したまま勾留するのか、検察に移して勾留するのかが決まります。警察署に残したままだと警察の留置所が検察の拘置所の代用として使用されるので代用監獄と言われています。代用監獄は警察の管理下にあるので、取り調べは警察の意向と都合によってなされます。日本弁護士連合会や自由法曹団や多くの人権団体は代用監獄が人権を侵害し、冤罪を生む実情を指摘して、その廃止を訴えています。

私は延長期間中の取り調べは福岡県東警察署での代用監獄ではなく、福岡検察庁の福岡拘置所で行われました。拘置所へ移送された理由については不明ですが、各方面からの支援活動も大きな理由だったと考えています。逮捕当日に支援者が留置所の外から「青柳不当逮捕糾弾！」のコールを届けてくれたことは述べましたが、これが翌日も続き、弁護士の接見もありました。このような支援の態勢があって検察は私を警察で調べるのではなく拘置所に移したのだと思っています。

▼完黙への見せしめとしての長期勾留

拘置所は検察庁の管理下にあるので、警察の管理下に置かれている代用監獄での取り調べで起こるような物理的な威圧や脅迫や便宜供与はありません。しかし普通の人にとっては、検察の拘置所にしても勾留されるのは非常に大きな負担です。代用監獄で行われる身体的、心理的暴行や偽装温情や自供を引き出す便宜供与の可能性は少ないにしても、二三日という長い間、勤務先や家族や周辺から引き離されているそのこと自体が非常な苦痛であり、負担なのです。

会社のことや仕事のことを考えると、もう警察のストーリーの通りにハイハイと言っておこう、そうすれば一日でも早く会社に行ける、という誘惑が無限に膨らんでいくのです。家族のことも気になるし、いわゆる世間体も大きなストレスになります。周りの人や親類は何と言っているだろう、と気が気ではありません。隔離された状態で会社、家族、世間体の重圧を考えると真実は最重要ではなくなるのです。とにかく留置や勾留から、ということは警察や拘置所から、もっと端的に言えば取り調べから解放されたい、これが最も切実で重要な事柄になるのです。二三日という異常に長い隔離時間と取り調べが人質勾留と言われるのはこのような理由です。

警察の留置所にいても検察の拘置所にいても、世間から隔離されている時間に違いはありません。さらに警察も検察も取り調べは巧妙で、陰湿で、心理的に不安になり重圧を感じている被疑者を丸め込むのはお手のものです。警察や検察の書いたストーリーに従った自供をしてしまわない被疑者は相当の強者だけです。

私は福岡拘置所に移送されたのですが、一〇日間の（一次）勾留延期期間中の取り調べにおいても完黙でした。勾留延長は特別な罪名でない限り二回、合計二〇日認められます。私の場合には検察はこの再延長を申請して、裁判所はこの（二次）勾留も認めました。二三日間にわたって取り調べを受けたのです。二三日間のうち警察での三日間の取り調べは既に述べました。二〇日間の取り調べの様子は後程詳しく述べますが、二回にわたる勾留中の取り調べも完黙で通しました。

そして私の隔離は、九月二七日の逮捕から翌年一月一九日までの一一五日間続きました。一一五日間というのは警察での三日間、および拘置所での一次勾留と二次勾留の二〇日間と九二日間の勾留です。しかも私は一〇月一八日に起訴され、第一回公判が一一月三〇日に、第二回公判が一二月二二日に、第三回目の公判が翌一九九四年一月一九日に開かれています。通例では起訴されたり、公判が始まったりすると釈放されるのですが、私の場合には起訴後の勾留（正式には被告人勾留と言うそうですが、私たちは起訴勾留と言っていたので、以下も起訴勾留とします）が三ヵ月続きました。

拘置所での（取り調べ終了後の）勾留延長は逃亡の恐れや証拠隠滅の可能性があれば認められます。私の場合には、勤務先の家宅捜索で日本語とスペイン語の挨拶一覧を記載したA４の紙一枚を押収したくらいですし、自宅の家宅捜索を二回行っても不法就労助長罪に当たる資料や証拠は何も見つけることはできませんでした。そもそも私にはその罪名に関する行為を行っていないし、それに関する資料もないのですから、隠匿しようにも隠匿の仕様がありません。また私がどこかに逃亡する恐れも皆無です。九二日間にわたる起訴勾留には合理的な理由はまったく見あたりません。検察が私を九二日間勾留したのは面子と嫌がらせです。

面子がつぶされたと思ったり、組織的嫌がらせを科さなければならない、と判断したりした理由は一つです。それは二三日間にわたる私の完黙です。せっかく無理を承知で逮捕したのに、取り調べでは世間話にさえ乗ってこないし、（二二四ページで述べるように）裁判では「悪うございました」と情状酌量を求めるのではなく、正面から国の外国人労働者政策を糾弾する裁判の方針ですから検察は我慢ならなかったのです。

起訴勾留が「重い罪」の故に科されるものとすれば、私の場合には「刑法に基づく罪」が重かったのではなく、「警察や検察に対する従順の意が少ないという罪」が重かったからです。

▼当時の移住労働者の置かれた状況、ビザ申請中の就労

私はペルー人に職場を紹介したことが契機で逮捕、起訴されました。この節以降でしばらくその経緯を説明しますが、まずペルー人労働者の状況と彼らが就労許可を持たないまま働いていた事情を説明します。この説明の中では前述した内容と重複する記述もありますが、この節以降の説明の主眼はペルー人の置かれている実情や私のペルー人支援の実態説明にはなく、私の逮捕の契機や事情を理解していただくところにあります。

当時はバブルが破綻した時期で、多くの会社は雇用していた外国人を解雇しました。今まで会社に雇われていたペルー人も街に放り出されました。解雇された外国人に対する望ましい対応は彼らを会社に紹介した斡旋業者が責任をもって他の会社を紹介するとか、帰国の方策を講ずるとか入管と何らかの交渉をするなどです。しかし解雇されたペルー人に手を差し伸べた斡旋業者の話はトンと聞いたことがありません。斡旋業者はしかるべき金額を手にして斡旋してしまえば、後は何もしなかったのです。このようにして多くの外国人は頼る人もなく、行く所どころか寝る所さえなくなってしまったのです。

来日した外国人労働者にとって最大の問題はビザでした。この状況はペルー人も同じでした。このビザの問題は現実としては線を引くように右か左が、イエスかノーか、白か黒かとは決められませんでした。その事情を少し説明します。ペルーで申請して日本の定住者資格を持って日本に来たペルー人はすぐにでも就労できます。この在留資格は期限付きですから、切れる時には帰国するか延長を申請しなければなりませんが、来日早々からビザの心配をしなければならないというわけではありません。しかし多くのペルー人はこのビザを持って来日するわけではありません。多くのペルー人は観光ビザで来日して日本で定住者資格を取ろうとします。彼らは入管に在留資格を申請します。申請にまつわる諸難問は前述したとおりです。すると入管ではパスポートに「申請中」のスタンプを押します。法律の上では申請中は就労できません。しかし実際は入管も申請中の就労を黙認していました。黙認しなくて違法だとして厳しく取り締まると彼らは行き場がないので、地下にもぐったり、居住地が不明になったりします。反社会的な問題を引き起こす素地にもなります。そうなるとかなり面倒です。

問題が顕在化すると入管が批判されます。働いていればその可能性が少ないので申請中の就労を黙認しているのが実情でした。

申請して数ヵ月後に定住ビザが出れば安心して就職先を探せます。出ない場合は当人にとっても周囲にとっても大変な困難が待っています。ペルーを出る時に斡旋業者や仲介人に相当額の手数料や渡航費用を借りています。ほとんどのペルー人は、これを二年、または三年働いて支払うつもりで日本に来ています。ですから定住ビザが出なかったからといって帰国できる状況ではありません。違法なオーバーステイをすることになるのです。

▼当該事例での職業紹介の経緯

私が逮捕された契機となった職場紹介について説明します。

私の知人が佐賀県で材木商を営んでいました。その方が、職人が不足しているので中国に作業員募集に行っていました。私はその事情を聞いていたので、ペルー人で仕事ができるのであれば、とペルー人を紹介しました。その方の知り合いが福岡県の大川市で家具の製造をしていて、佐賀の材木商を通じて私にペルー人の紹介を依頼してきました。そのルートで私は大川市にペルー人を紹介し始めました。大川は家具の製造で知られた街で、工場の多くは恒常的な人手不足に悩んでいました。私にも求人の依頼があり、大川市内に一〇〇人ほど紹介しました。

その大川での次のような出来事で警察は私のペルー人支援を知ることになったのです。家具製造A社が大分の斡旋業者から四名採用しました。ところがこの四人は在留資格を持っていませんでした。

それを知ったA社は四人を斡旋業者に引き取ってもらいました。斡旋業者は何も手を打たずにこの四人との関係を打ち切りました。四名は路頭に迷ううちに福岡の東光カトリック伝道所のことを知り、ここに身を寄せます。その頃同じく大川のB家具製造者から私に六人紹介してほしいという依頼が来ました。私は熊本で路頭に迷っていて、やっと東光カトリック伝道所にたどり着いた二人のグループと前記の四人のグループの六人をパスポートの資格を確認しないまま大川のB社に紹介しました。このような事情で六名は大川市で働いていました。ところがまったくの偶然ですが、A社の関係者が以前大分に帰ってもらった四人がB社で働いている姿を目にします。これはどういうわけだろうかとA社は警察に調べてもらいます。警察は大分の斡旋業者やB社を調べます。そうしたら、私が紹介した熊本から来ていた二人も在留資格を持っていないことが分かりました。

大分の斡旋業者は、業務として斡旋をしていて、少なくとも四人については資格がないことを知っていながらA社に斡旋しています。手数料などを得ています。私は素人です。それ故に在留資格について確認しないまま、且つ斡旋料の支払いは求めないで紹介していました。警察は調査をした上で、大分の斡旋業者には何も咎はないと判断しています。私には不法就労助長罪が適用されました。不法就労助長罪は大分の業者のような業者にこそ適用されるのが立法の趣旨でした。外国人労働者紹介の最重要条件である在留資格を持っていないと知りながら外国人労働者を紹介して紹介料を手にした斡旋業者は見逃がし、困窮の中にいるペルー人を支援しようとして特段の紹介料ももらわずに紹介した私を逮捕したのです。

国が法の趣旨を捻じ曲げて、恣意的に適用しているのは明らかです。大分の業者は、青柳さんが代表で逮捕されたのだ、と言いふらしていました。もちろん国の恣意的な適用については口をつぐんでいました。

当時のオーバーステイや路頭に迷う外国人労働者が増加していた原因は国の外国人政策の失敗にあります。国はその失敗を個々の外国人労働者の責任に転嫁します。このような状況の中で私は、不法滞在するような「悪い」外国人労働者を支援している日本人がいるのだという世論操作の標的にされたのです。悪い外国人労働者が跋扈する温床になっているのが移住労働者ペルー人支援運動であるというストーリーをでっちあげたのです。そのストーリーをでっち上げるために罪名が必要です。本来の立法の趣旨にはまったくなじまない不法就労助長罪容疑で逮捕したのです。しかし、それを示す明確な証拠もそれらしい書類も、私がそのように振る舞う理由さえ見つかりません。仕方なく三〇〇〇万円を集めていたとか中洲で遊んでいたという悪徳ブローカーのイメージをまきちらしました。悪質な情報操作です。そして明らかに不当な斡旋をしている業者は見逃しています。私をはじめ支援者も私の家宅捜索や逮捕を国による弾圧、明らかに国策逮捕と糾弾するのはもっともなことです。

警察に不法滞在が発覚した六人のペルー人は強制送還されました。私の公判が始まればこの六人は証人となり、私の就職先紹介の実態が明らかにされます。そうなれば不法就労助長罪適用はまったくのでたらめであること明らかになるはずでした。検察も警察も彼らの証言を阻止するために早々に送還したのです。私の弁護団は、これは国による証拠隠滅であると強く批判しています。

▼検察庁もしり込みした起訴

私は勾留中の一九九三年一〇月一八日に起訴されます。罪名は入管法違反、罪状は入管法第七三条の二の第三号で、この文面は「業として、外国人に不法就労活動をさせる行為又は前号の行為に関しあっせん（原文ママ、以下同）した者」です。量刑は懲役なら三年以下、罰金なら三〇〇万円以下です。罪状の「業とし」というのが、私が逮捕された時逮捕状に書かれていて、私が、自分の業は教師だ、と抗議した箇所です。

この罪状による第一回公判が一一月三〇日でした。普通は公判が始まると保釈されるのですが、私の場合は第三回目公判の一九九四年一月一九日まで起訴勾留され、この日に保釈されました。これは前にも述べましたように、起訴勾留が三ヵ月にもわたると余程重い罪だと受け取られるかもしれませんが、重いのは刑法上の私の罪の量刑ではありません。完黙というおカミに対する抵抗が「重い罪だ」と判断され、留置と勾留で一一五日間という重い、と言いますか、長い拘束期間を科した最大の理由です。「みせしめ」としての起訴勾留でした。

繰り返し強調しますが、私の逮捕が国策の視点からなされていて、国は不法滞在外国人排除徹底に努めていますとアピールするための見せしめ的逮捕でした。警察の内部でも逮捕に対する疑義が出されていたことは前に述べました。それだけでありません。起訴も検察にしては綱渡りだったのです。私の刑が確定した後なので相当時間が経ってからですが、私自身がある法曹関係者から知らされた生々しい話があります。

私を起訴した当時の福岡検察庁のトップ集団にいた人が福岡から大阪の検察庁に転勤しました。その地域で裁判官、弁護士、検事の参加する研修会があり彼が講師を務めたのですが、その席で、福岡での青柳の起訴、公判には非常に心を砕いた、不思議議に印象強く記憶にあると述懐したというのです。これは法検察としては自信を持っての起訴ではなく、むしろビクビクしながらの起訴だったのです。つまり、検察は確信をもって私を起訴したわけではないのです。確信を持てなかっただけではなく、公判の維持（私を有罪にさせることができるかどうか）に大きな不安を持ち続けていたのです。

警察のスタッフ、検察レベルで判断していたのなら私の逮捕は、したがって起訴も、ありえなかったのです。警察は不法滞在者取締という国の方針の実績を示す必要性に迫られて、またマスコミは話題がほしくてせっついて、警察とマスコミの共同演出で私を逮捕したのです。家宅捜索しても証拠らしいものは何も出てきません。それに加えて支援団体の活動により、逮捕は不当な人権弾圧であることは福岡だけでなく全国的に知れ渡ってきました。弾圧糾弾の声はどんどん大きくなっていました。そのような状況の中で、検察としては起訴の根拠に自信は持てないまま、国の機関との関係で政策的に起訴せざるを得なかったのです。と言っても検察には検察のプライドもあるので悩ましかったのです。このように警察や検察は内部に疑義を抱え、自信の持てないまま、国の面子を立てるために急かされて行った逮捕と起訴でした。一〇〇パーセント間違いだったのです。

▼早期保釈要請署名と保釈請求裁判

私は起訴後も三ヵ月間にわたって勾留されたのですが、私の弁護団の弁護士さんたちも支援していただいた方々もそれを黙認していたわけではありません。逮捕後すぐに結成された「青柳さんへの不当弾圧を許さない会」（以下「許さない会」）が中心になって早期の釈放を求める裁判所への要請書が提出されています。この要望は北海道のグループからも沖縄の支援者からも署名して寄せられていました。要請書提出を受けて勾留理由開示裁判が一一月一五日に開かれました。

勾留の理由を説明する裁判です。小さな法廷でしたが支援者がたくさん傍聴に来てくれて満席でした。長期の勾留が必要な理由は証拠隠滅の可能性があったり、逃亡の恐れがあったりする場合です。私の場合には警察は証人に相応しいペルー人を早々に強制送還にしています。証拠隠滅を図っているのは検察でした。私には証拠隠滅の可能性も逃亡のおそれも皆無である事情は前述しました。

勾留理由開示裁判でも腰紐付きで入廷するのですが、傍聴席はいっぱいで、見知った知人もたくさんいて、非常に励まされました。拘置所では誰にも会えないわけですから、知人の顔を見るだけでも支えられている実感がわいてくるのです。傍聴席からは「がんばれ！」と声がかかり、これにも感激しました。

裁判は極めて短時間に終わりました。結果は勾留継続でした。検察も裁判所も完黙したから起訴勾留するとは言えません。検察と裁判所による阿吽の呼吸による完黙への見せしめが勾留継続ですが、支援者の方々への私の感謝は深く、とても言葉では言い表せませんでした。

この裁判の後も支援者による早期釈放要望書は続々と集まり、この署名をもとに一二月中旬に第二次保釈請求をしましたが、一二月二〇日に却下されています。教会の方々もクリスマスを青柳と迎えたいと署名活動に力を入れてくれて、直ちに第三次保釈請求をしています。それが一二月二七日に却下されています。このようなわけで、私は一九九四年の正月は福岡拘置所で迎えました。

二　拘置所での生活

▼私が勾留されていた拘置所

私は逮捕されて三日間は福岡県東警察署で取り調べられましたが、その後に福岡拘置所に移送されました。拘置所は藤崎にあります。私が勾留されていた後に改築されました。建物が変わったのですから中の設備もその配置も変わったでしょう。また制度の変更があって事情は変わった側面もあるかもしれません。以下で述べるのは一九九三年の時点で私が経験した拘置所の生活です。

▼拘置所ではまず所持物の検査、その時に隠し持っていた写真

移送されるとすぐに真っ裸にされて持ち物検査を受けます。私物の持ち込みは禁止されています。衣服は拘置所用の衣服を着ます。その着替える時に係員が「何回も出たり入ったりしているヤクザやホームレスはタマをもっているので……」と言ったのをよく覚えています。「言った」のは私に言ったのか、つぶやいたのか、近くにいた誰か別な人に言ったのか覚えていないのですが、この「タマ」の意味がその時は分からなかったし、今でも分かりません。しかし、この言葉だけはよく覚えています。

私は一枚の小さな写真を手に隠し持って持ち物検査をパスしました。高校三年生の春に洗礼をしてくれたカトリック吉塚教会のカナダ人宣教師ウィリアム・シュルツ神父さんの写真です。しかし独房では数週間に一度は畳の裏まで調べる持ち物検査があります。拘置所への移送時の検査で隠しおおせても、独房での持ち物検査が待っています。露見すれば懲罰です。

私は逆襲でこの懲罰を逃れました。独房前の廊下には学校の教卓のような一段高くなった段があり、そこにいすが置いてあります。そこには連絡係の係員が常駐しています。この係員は「オヤジさん」と呼ばれていました。オヤジさんはこの階の勾留者に異常がないかを監視しているのですが、勾留者への、または勾留者からの連絡もしていました。独房にいる私にとってオヤジさんは一番身近な存在です。私はそのオヤジさんに写真所持を申告したのです。オヤジさんはすぐ上司に報告します。私は懲罰を覚悟していました。しかしオヤジさんは、「知らないふり」をしたまま、写真の裏に保持票を貼って写真保持を認めるという対応をしてくれました。それが一〇月四日でした。

拘置所への移送以来数日間の無申告、無許可の私物を所有していることからもたらされる不安はこのようにあっけなく解消されました。私物を隠し持っていたことが咎められなかった理由は不明ですが、組織防衛ではないかと推測されます。許可のない写真を所持していたとなれば、検査の時に手に隠し持っていた私物所持に気づかなかった検査員は何らかの形で叱責されるでしょう。同僚の検査員を守

るために私の写真所持を合法化したのだと考えられるのです。

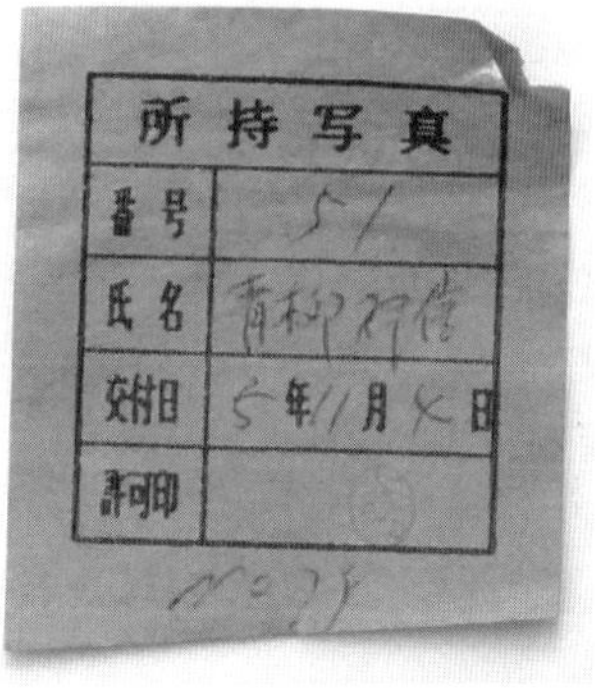

写真の裏に張られた所持許可票

▼隠し持っていた写真の主であるシュルツ神父さんのこと

拘置所での生活とは関係はないのですが、身体検査の時に神父さんの写真を隠し持っていた理由を説明しておきます。危険をおかしてまで写真を隠し持っていたのはシュルツ神父さんを命の恩人と思っているからです。身体的な命を救っていただいたという意味ではありません。高校生の時の大きな迷いの時期の精神的な苦境を理解していただき、導いていただいたという意味で命の恩人と考えているのです。洗礼もシュルツ神父さんから受けています。また、高校卒業と同時に修道院へ入りたいという私の希望を聞いて、今しばらく冷静に考慮したらどうか、社会的な経験を積んだ上で判断しても決して遅くはない、とアドバイスしてくれたのもこの神父さんです。このように私の若い時を導いていただいただけではなく、私の精神的な成長をも見守ってくれていました。シュルツ神父さんの行動と方向が現在の私の活動を支えてもいるのです。

シュルツ神父さんはカナダの神学校で学んで司祭になった方で、カナダのスカボロ宣教会所属で、同じくスカボロ宣教師会所属のカトリック吉塚教会に主任司祭として派遣されていたのです。日本にはかなり長期間、一五、六年はいました。来日後は人権侵害や周囲のさまざまな差別に苦しんでいた在日コリアンにも救いの手を差し伸べています。在日コリアンの諸問題はカナダで学習したのではなく、来日後に苦しんでいる在日コリアンに接して、その救いに積極的に働かれたのだと思われます。

私には広い視野を持つようにいつも励ましてくれていて、私を韓国に派遣してもくれました。この時、私は既に教師として働いていたのですが、これが初めての海外旅行でした。また私を信頼してくださって、教会の信徒会長や聖書講座担当者に取り立ててもくれました。そうなってからシュルツ神父さんは、もうカトリック吉塚教会は青柳に任せておいてもよいとおっしゃってペルーの教会に移られました。ペルーでもスラム街の困窮する人々を助ける活動を続けて、一九八六年にその地で逝去されました。

シュルツ神父さんのこのような活動が今でも私を導いているので、私はシュルツ神父さんを敬愛しているのです。

▼独房の様子

移送されたときに隠し持っていたシュルツ神父さんの写真の件はこのように解決しました。しかし福岡拘置所の独房で一一二日間を過ごさなければならないことに変わりはありません。その独房の略図を拘置所で使用していたノートに描いていました。このイラストを基に独房の様子を説明します。

独房は二畳半くらいの畳敷きと半畳半ほどのモルタル床でした。入り口のドアは引き戸でした。引き戸の止まる壁の箇所の廊下側から見て左側に縦二〇センチ、横四〇センチくらいの窓が開いています。食事のトレイはそこから出し入れします。入り口から見て三メートルほど先の反対側は鉄格子付きの窓で、窓の外にはベランダがあり、ベランダの先には拘置所の中庭が広がっていました。室内の左側の壁と（入り口とは反対側の）突き当たりの壁のコーナーにトイレがあります。仕切りも衝立も何もないので、トイレは丸見えです。トイレの前からはほぼトイレの幅で細長く、畳の部分からは二センチほど高いモルタルの床が右側の壁まで伸びています。そのモルタルの床の突き当たった右側の壁の腰あたりの所に幅と奥行きが三〇センチほどの洗面台が取り付けてあります。その洗面台の上、頭より少し高いところに幅三〇センチくらいの板の棚が横に長く壁に取り付けられています。棚はそこだけではなく、数箇所付いていました。その上に本やノートや差し入れてくれたお菓子などを置きます。

入り口すぐ左側に小さなチャブ台が置いてあります。食事するのも本を読むのもこの上です。このチャブ台は固定されていないのですが、移動させると懲罰の対象になります。チャブ台は左側の壁に接して置いてあるわけではなく、左側の壁との間にスペースがあります。勾留者はそこに正座か胡坐かで座っていなければなりませんでした。部屋の中をウロウロ歩き回るのは禁止です。禁止されていなくても、小さな部屋ですから歩き回ろうという気にはなりません。

室内左側のチャブ台とトイレの間には布団を折りたたんで置いてあります。独房は狭いので寝るときには布団は壁に平行にもT字形にも敷けません。洗面台のある右後方からチャブ台方向の左前方に向けて斜めに敷きます。

これが私の一一二日間の世界でした。この一一二日間のうち最初の二〇日間は取り調べがありました。黙秘の取り調べであっても場所の移動はあり、目には独房以外の様子が見え、耳には人の声が入

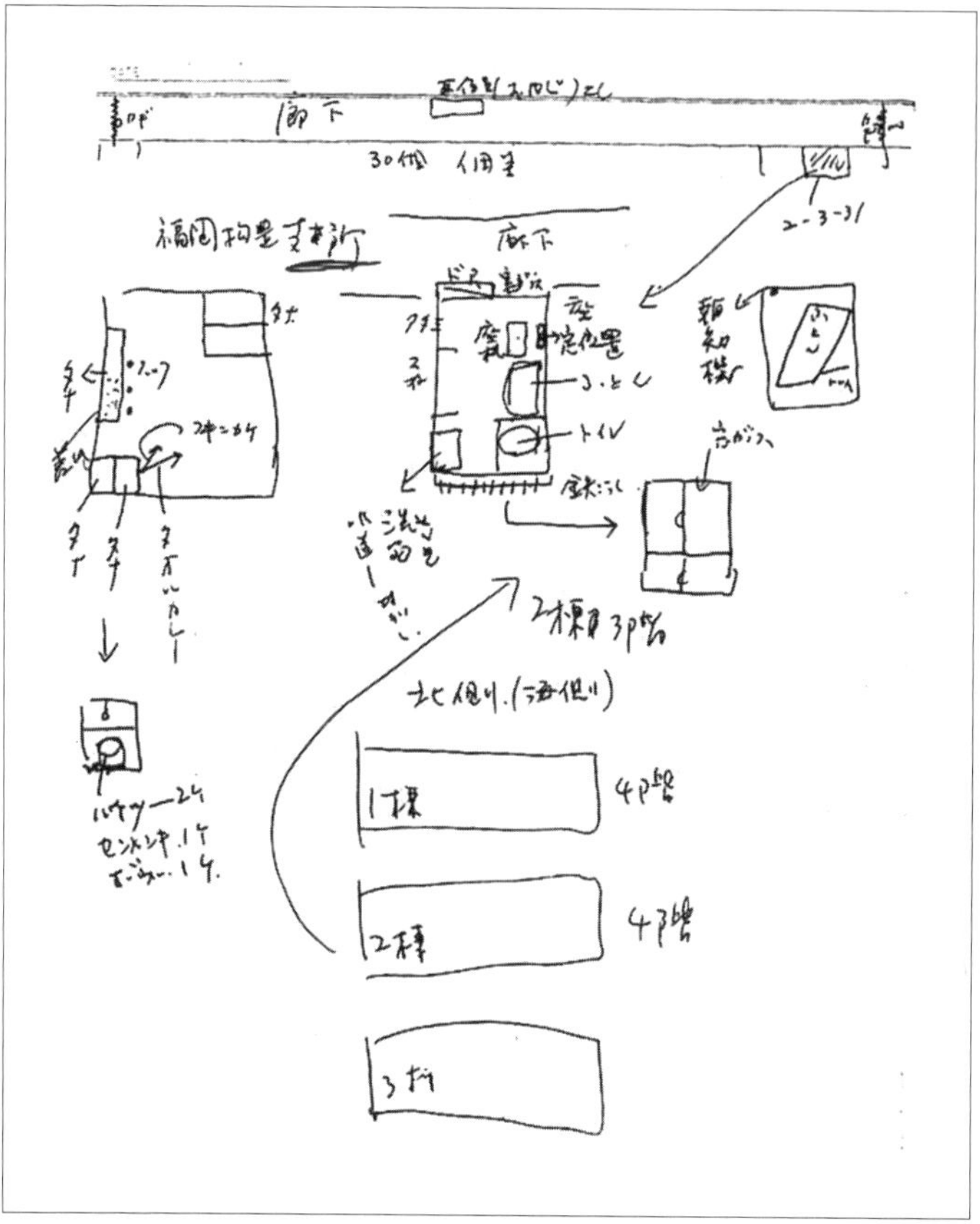

独房のイラスト

ります。取り調べ後の九二日という時間のほとんどは人の世界から隔絶した世界に一人でした。

▼隔絶された世界を生き延びる方策

人々から遮断されていたこの約三ヵ月間の独房生活のうちに次第に一切の救済から遮断されている感覚に陥りました。救済というのは魂の救済とか、神による救いという意味ではありません。今にも誰の目にも触れずにこの世界から消えなければならないのではないかという、完全に隔離された感覚に入り込んでいったのです。その最大の理由は鉄格子の窓です。それが外界と自分のいる独房の境界です。独房の入り口を自分で開けることはできないし、外界との境界である鉄格子も自分では打ち破ることはできません。

この閉鎖された状態で万一何かが起こった時には私は自分の力や努力では外に出ることができません。何の対応も取れずに孤立したまま、闇の世界の中で自分の消滅を待たなければならないのか。こういう思いが恐怖心を呼び起こし、自棄感を亢進させ、何をしたらよいのかさえ考える余裕を奪ってしまうのでした。鉄の格子枠を見るたびにこの状態に襲われ、自分で自分の心が震えるのを感じました。気も狂わんばかりでした。

格子窓の外には幅一メートル半ほどのベランダがあり、その先には中庭が広がっています。心の余裕を持つ人が私を外から眺めると、窓際に立ち、上に目を向けては流れく雲を眺め、下方を見ては広がる中庭に目をやり、しばらく続く独房生活に耐え抜く心構えを反芻するものだ、と考えるかもしれません。しかしそのような思いは目の前の鉄格子に遮られていた私には起こってきませんでした。しかし心がすべて自棄感に占領されていたわけではありません。絶望感の背後には自分の置かれた事情を客観的に見る余地も少しは残っていました。

このわずかな余地が、自分はこの独房内で発狂し、破滅してしまわないためにはわき上がってくる恐怖感、自棄感を克服しなければならないという自制心を生み出しました。しかし克服する方策は見つかるわけではありません。私の採用した方策はこの恐怖心、自棄感を意図的に忘却することでした。自分の意思で無視することでした。自分が狂気になりたくなければ、生き延びたければもうこのことは考えるな、と自分に課したのです。私は考えないことによって拘禁症状から逃れようとしたのです。拘禁症状から距離を取ろうとする私の決心を支えたのは日々拘置所外から聞こえてくる支援者のコールや讃美歌であり、面会であり、弁護士さんの接見でした。

▼固有の氏名は抹消される拘置所での生活

拘置所での生活の説明に戻ります。一七八ページの写真の所持票には私の氏名とともに「51」という数字が記載されています。これは勾留者番号です。拘置所では「青柳行信」という名前で呼ばれることはありません。常に「五一番」と番号で呼ばれます。面会者が来てくれた時も、差し入れがあった時も、取り調べで呼び出される時も「五一番」です。私は「五一番！」と呼ばれるたびに口の中で「青柳行信」と唱えていました。

ナチスの強制収容所では全員に番号を付けていて、その番号を刺青していました。今の日本では政府は全国民に番号を付けています。番号による管理の体制は拘置所でも同様なのです。加えて「勾留者番号51番」とされてはじめて、私は学校で生徒を番号で点呼していた事実を意識しました。番号で点呼していたのは誤りであったことを、自分が番号で呼ばれてはじめて自覚したのです。生徒も私に番号で呼ばれた時に口の中でそっと、「私は□□番ではありません。○山△子です」と自分の名前を唱えていたかもしれません。私は拘置所で自分が番号で呼ばれるまで、それに気づかなかったのです。

そのように番号化された拘置所の生活ですが、その一日の運びはすべて決められたとおりで、百日一日の如く単純です。

▼一日の生活：午前中

拘置所の一日は七時二〇分の起床に始まります。土曜日、日曜日、祝日は三〇分遅くて七時五〇分です。週末と祝日は職員の勤務開始時間が三〇分遅いのかもしれませんし、拘置所での生活にアクセントを付けるためかもしれません。拘置所では個人の氏名さえ失くしているほどですから、個人の生活の色はまったく消去されています。自分の生活に自分でアクセントをつけることは金輪際できません。全員同じ生活です。違うのは番号だけです。だから七時二〇分より早く起きるのも許されません。とてもいい天気で早く目が覚めたとして、「いい天気だ。早く起きよう」はできないのです。決められた時間までは布団の中にいなければなりません。

起きると布団をたたんで、洗面します。七時半に、土曜日、日曜日、祝日は八時ですが、点呼があります。職員が入り口横の縦二〇センチ、横四〇センチほどの小さな窓から室内を検査します。この時はチャブ台の前に正座して、例により番号で「五一番！」と答えます。それが終わると七時四五分に朝食です。土曜日、日曜日、祝日は三〇分遅くではなく、二五分遅れの八時一〇分だったと記憶しています。

食事は入り口横の小窓からトレイに乗せて差し入れてくれます。それを定位置のチャブ台に持って来て食べます。メニューは毎日同じです。コッペパン一つと食パン一枚と味噌汁とマーガリンかジャム、または麦ご飯と味噌汁とたくわんか佃煮です。一昨日は卵焼きが付いていた、昨日は焼き魚が付いていたというようなことはありません。パンの時もお箸が付いてきます。

食事が済んだら、そのトレイを小さな窓に戻します。その後は何もすることはありません。チャブ台の前で正座か胡坐で、差し入れてもらった本を読んだり、ノートに気付いたことを書いたり、考え事をしたり、ボンヤリしたりしています。本を読むのに飽きたからといって歩き回ったり、横になったり、寝そべったりしてはいけません。八時過ぎから一二時まで約四時間をこうして過ごします。

▼一日の生活：午後と夕方

昼食は一二時です。食後は一時まで午睡、昼寝の時間です。それが終わると四時半までまたチャブ台の前です。年配の方は正座や胡坐に慣れているかもしれませんが、いすとテーブルの生活をしている若い人にはこれは大きな苦痛だと思います。まして床の上に直接座る文化に育っていない外国人にはほとんど拷問とさえ言えます。それが午前に四時間、午後は三時間半続くのです。

夕食は午後四時半です。一二月でも午後四時半ではまだ陽があります。かなり、というより、とても早い夕食時間です。毎日同じです。昼食と夕食は麦ご飯、ガンモドキの煮付け、（豆腐の）おから、大根の煮付け、白菜の煮付けです。例外はお正月だけです。一月一日はおせち料理でした。質素なお弁当でしたが、ともかくおせち料理でした。料理ではありませんが、飲み物はお茶の入ったヤカンが置いてあって、お茶は何時でも飲めます。

夕食が早いだけあって就寝時間も早いのですが、五時には就寝準備をします。それが終わると点呼、すなわち「五一番！」があって六時には仮就寝です。仮就寝は大変待ち遠しい時間です。一日中正座か胡坐を強要されているので、横になれるのはたいへん助かるのです。

九時に就寝です。天井の電灯が消えます。でも薄明るい電灯は一晩中灯いています。天井の電灯にしても薄明るい電灯にしても自分で点けたり消したりはできません。

▼独房でのトイレと報知器

人間は、というより動物は排泄します。独房内のトイレについては前に説明しました。トイレは水洗ですが、水流は恐ろしく貧弱です。トイレの使用時間は食後と午前九時四五分からと午後三時からのそれぞれ一五分と決まっています。

排泄は生理的な現象ですから、拘置所が決めた時間にもよおすものではありません。にもかかわらず独房生活はきわめて非人間的で、トイレの時間まで決められています。その理由は、独房では決められた動作をしてもよい時間以外はチャブ台の前に両手とも指を揃えて太ももの付け根にキチンと置いて背筋を伸ばしてシャッキとした姿勢で正座をするか胡坐をかいて座っていると決められているからです。決められた時間以外の用便ではその場所を離れるし、決められた姿勢以外の体勢になるわけですから許可を得なければならないのです。許可なしで用便して、それが発覚すれば無断離席です。これは指示違反ですから、処罰の対象になります。拘置所はそういう場所だ、と言ってしまえばそうかもしれませんが、人間を人間としては扱わない場所です。

許可をもらいたい時には報知器（一八一ページの略図では「報知機」）でオヤジさんに連絡をします。報知器は独房の入り口の上方に廊下側に倒れるように付いている平たい板です。これはいつもは垂直に立っているのですが、勾留者が何らかの要望がある旨を知らせたい時には室内から廊下側にその板を倒してオヤジさんにサインを送るのです。報知器を倒すのは室内から操作するのですが、ひもを引っ張って倒していたように記憶しています。オヤジさんは報知器が廊下側に倒れているのを見ると食事を差し入れする四角な窓から覗いたり、声を掛けたりして、用件を聞きます。気分が悪くなった時もこの報知器で知らせます。

▼風呂や洗濯

私の勾留されていた独房は拘置所の三階にありました。三階には入り口から見て左側に部屋が三十数室並んでいました。風呂や散髪室や（私には）用途不明の部屋もあるので独房は三〇室はなかったと思います。右側には部屋はありません。窓です。その三階の入り口から見て反対側、三十数室の向こうですから五、六〇メートル向こう側になるのですが、その反対側は壁だと思っていました。ここにエレベーターが付いているのを知ったのは、保釈になった日に、オヤジさんが荷物を運ぶのに台車を使わせてくれて、それで荷物を運んだ時でした。疲労困憊の中でエレベーターを使わせてもらって台車で布団などを運びました（二一七ページ参照）。

奥から二番目の部屋がバスルームでした。入浴は週に二回あります。入浴の時にはオヤジさんが呼びに来ます。独房では風呂の順番が決まっていたのかどうか分かりませんが、公判のある日には最初に呼びに来ていました。これはよく憶えています。

風呂に行くといってもタオルを持ってブラブラ歩いて行くわけではありません。オヤジさんが呼びに来て、独房から出る準備が出来るとオヤジさんが独房の入り口を開けます。私はまっすぐ前を向いて二メートル半ほどの廊下を横切ります。目の前の窓に向かってまっすぐ前を向いて進むのです。まるで儀式で行う集団行進を一人でやっているようなものです。向かいの窓の手前に足の形が描かれています。体重計に描いてあるような足型です。独房の入り口から二秒ほど行進すればその足型に達します。その足型に合わせて立ち止まって、周囲をアチコチ見回さないで前を向いたまま、オヤジさんが独房のドアに施錠して戻って来るまで待ちます。横に戻って来たら、奥の方に体を向けて、並んで歩きます。各独房の入り口前の窓側には足型が描いてあるので、それに向かってまっすぐ歩きます。

浴室には風呂係の人がいます。私は風呂係の人からよく相談をされました。私が教師だということを知っていたのだと思います。自分の娘がいうことを聞かない、どうしたらいいだろうか、とか、子どもが学校に行かない、困っている、などでした。係の人の役目は私を見張っておくことですし、言葉を交わす時間は衣類を脱いだり着たりする間ですから限られています。係の人にしても詳しく事情を話す時間はありませんし、私もアドバイスする時間はありません。係員としてはとにかく「先生」に自分の苦境を聞いてもらいたかったのだろうと思います。

浴室は、人が一人やっと入れるくらいの小さい浴槽にお湯がたまっています。洗い場はあることはあるのですが、大人一人がゆっくり座れるほどのスペースはありません。立って浴槽のお湯をすくって行水するくらいのスペースしかありません。風呂の時間は一五分です。衣服を脱いだり着たりするだけでも時間はアッという間に過ぎるので、行水できる時間は一〇分あるかないかです。係の人が浴室の前で時計を持って時間を測っています。時間が来ると「時間です」と出るように催促されます。厳しいのは時間だけではありません。浴槽にたまっているお湯をじゃあじゃあ使っていると使いすぎを注意されます。バスルーム、というと聞こえはいいですが、実際は狭い行水スペースですが、とにかく着脱スペースと行水スペースを仕切っている戸の前に立っているので、行水の音はつぶさに聞こえるのです。少しの水で静々と行水しなければならないのです。

浴槽にはお湯がたまっているのですが、お湯の出る蛇口は見えません。天井から管が浴槽に下りていて、その周りを触っても熱くないように竹で囲ってありました。それでお湯を浴槽に溜めていたのでしょうか。ともあれ、メカニズムはよく分からない風呂でした。

一五分が経つと、風呂係とは別れて、来た時と同じようにオヤジさんと並んでまっすぐ前を向いて自分の独房前まで歩きます。足型の上で直立して開錠するのを待ちます。開錠すると前を向いたまま自室に向かい、入室します。オヤジさんは私を独房に入室させて施錠をした後に、次の人を呼びに行っていたようです。風呂係の人はその間に行水用の水をためていたのかもしれません。

下着も上着（拘置所着）もすべて入浴の時に替えます。洗濯は拘置所がしてくれます。私は家族が面会に来てくれた時に渡して洗濯してもらっていました。三階の一番奥の部屋、これはバスルームの隣りですが、そこに理髪室がありました。一ヵ月に一回そこで散髪をしてくれていました。散髪屋さんは拘置所にいる散髪を心得た被疑者または被告の人だったと思います。

▼狭い三角形スペースでの体操

独房内ではチャブ台の前で正座か胡坐で座っている姿勢しか認められていないので、運動不足になったり、身体的な不調が起こったりします。拘置所での健康上、衛生上の対処や対応は個人の尊厳を保証するものではないどころか、多くの問題点が指摘されてはいるのですが、拘置所で体を動かす時間は皆無というわけではありません。毎朝五分間ほど音楽が流れます。説明も何もありませんが、体を動かすのを誘っていたのだろうと思います。音楽に合わせてストレッチをすることができます。毎朝五分間ほどストレッチができるのですが、それ以外に週に二回屋外で体を動かすチャンスもあります。

体を動かすと言っても、運動場のような広い場所で充分に体を動かせるわけではありません。スペースは辺が七メートルと五メートルと五メートルくらい、八畳間に対角線を引いてつくった広さほどの三角形で、高さ二メートルほどのブロック塀で囲まれています。係員がその三角形の格子の入り口まで連れて行ってくれます。独房からそこに行くまでの間に近くのマンションやビルが拘置所の塀越しに見えました。これはよく覚えています。この三角形には使える道具は縄跳びの紐しか置いていません。だからその三角形の中をぐるぐると歩き回ったり、縄跳びをしたりするのです。

高さは二メートルほどのブロック塀にはテニスの審判が座るようないすが付いています。職員はその三角形の入り口の格子戸を開けて私をその三角形に送り込むと、鍵を閉めて壁沿いに歩いて、壁の外側からはしごでそのいすに上ります。そのいすから私を二〇分間見張っています。二〇分経つと入浴の時と同じで、係の人が「時間です」と体操時間の終わりを告げます。体操が終わると水の入っている洗面器にタオルを浸して顔や体を拭きます。水は洗面器に一杯だけです。いすから降りている係員が入り口を開けて私を独房に連れて行きます。

しかし一日にストレッチ五分で残りは正座か胡坐では腰が痛くなるのは防げないし、二〇分の間歩き回ったり縄跳びをしたりが週に二回では通常では良好な体調は保てません。

▼差し入れ

拘置所の寝具は、敷布団は薄いし、掛布団も毛布を少し厚くしたレベルです。夏はそれでも過ごせるでしょうが、秋になると布団だけではなかなか体は暖かくなりません。私は家族に寝具を差し入れてもらっていました。

家族ばかりではなく、教会関係者や人権問題に取り組んでいる支援者も私に差し入れをしてくれました。差し入れは差し入れる人が受取人と差し入れる人の氏名、物品名などを書き込んだ書類を提出して、承認を得てから、その物品を係員に渡します。差し入れが受け入れられても、宅配便のように、係員が独房に「差し入れですよ」と持って来るのではありません。こういう方からこれこれの差し入れがありました、倉庫に置いてあります、持ってきますか、という趣旨の問い合わせがあるので、これとこれを持って来てください、と回答するのです。持って来てください、と回答しなければ倉庫に置いたままです。お弁当や果物などは取り扱う業者が決まっていて、差し入れる人がそちらに支払いをして、その業者が購入品を拘置所に運んで、私たちの手に渡るという手順をふみます。

私が差し入れでいただいたのは本、ハンカチ、ノート、筆記具、新聞などですが、一番多かったのはチョコレート、せんべい、クッキー、パンなどの食べ物です。拘置所の食べ物は貧弱だということを皆さんご存知だからです。妻にお願いしていた洗濯物も差し入れで戻ってきます。逆に洗濯物を妻に渡すのは「宅下げ」というのですが、事前に係員にそれを渡しておいて、妻が面会に来た時に、差し入れの時に手続きをした場所で係員が妻に渡していました。

拘置所内には売店があって、特段の差し障りがないものはそこで買えました。ハガキや切手も売っていました。

差し入れていただいて独房内に運んでもらった物のうち食べきれない食べ物やすぐには使用しない日常品は独房の壁にしつらえてある棚の上に置きます。私の場合には差し入れも多くて、時には食べ物で棚があふれていました。

▼面会

拘置所での面会には面倒な手続きが必要です。拘置所の正門横の面会申込所で番号札をもらって、面会者名、被疑者や被告の氏名と続柄、面会目的を記入します。面会者の身元調査です。面会目的はほとんどの場合「安否確認」です。この手続きが済むと面会申込所横の最初の待合室に入ります。ここで簡単な身体検査と持ち物検査を受けます。面会希望者が多いので相当長い間待たされるのが普通です。順番が来ると独房などが入っている大きな建物（私の場合は第二舎です）に移動し、とっかかりの部屋に入ります。差し入れ品を渡す窓口はこの部屋にあります。その部屋で待っていると面会申込所で渡された番号札の番号を呼ばれます。係員に番号札を見せて確認してもらって、面会室に入ります。

面会室は一畳くらいの大きさですから、面会者用に半畳、被疑者や被告用に半畳ほどです。両者の間には仕切りがあって物などを渡すことはできません。その部屋に面会者が入って待っていると反対側のドアから被疑者が係員と一緒に入ってきます。私たちは面会者が来ていることを知らされると風呂に行く時と同じ儀式的行進で面会室近くの電話ボックスくらいの小さな一時待機室に入っていて、面会の順番が来るとそこから面会室に入ります。面会者と被疑者とは小さな穴の開いたアクリル板を通して話をします。被疑者の後ろには係員がいて会話内容をメモします。面会者は一度に三名まで入れます。しかし面接者用のスペースは半畳ほどなので、余程のことがなければ複数人での面会はしません。

面会が始まって一〇分ほど経つと、係員が「時間です」と告げます。これで面会は終わりです。規定での面会時間はもう少し長くて一五分か二〇分だったと思うのですが、約一〇分ととても短いのが現実でした。理由は面会希望者が多くて、面会室は少なかったからです。面会が終わると面会者は来た時とは逆のルートをたどるのですが、面会者への宅下げがある場合には差し入れ物を渡した窓口で宅下げ物を受け取ります。この差し入れ物と宅下げ物を受け渡す窓口の後ろに差し入れた物を置いておく倉庫があるのです。面会が終わったり、面会時の宅下げ品を受け取ったりした面接者は独房などが入っている大きな建物を出て、面会申込所に戻り、番号札を返却して、拘置所から出ます。

私の面会で回数が一番多かったのは弁護士さんです。弁護団には五名の弁護士さんがいたのですが、毎日どなたかが来てくれました。教会関係者や人権運動支援者も、毎日というわけではありませんが、よく来てくれました。家族もしばしば来ます。皆さんが心配したのは私が外の世界から遮断されていると感じて深い孤独感から抜け出せずに自暴自棄に陥ることでした。自分たちはあなたと連帯しているのだと語りかけるための面会でした。それによって私が力づけられたのはいうまでもありません。

▼信徒が歌ってくれた聞こえない讃美歌という大きな支え

教会の関係者は面会に来て力づけてくれただけではなく、拘置所の外で賛美歌を歌って連帯を示してくれました。独房の窓には鉄の格子がはめられています。その先には一メートル半ほどのベランダがあり、ベランダの先には第三舎（一八一ページのイラストでは「棟」と記入していますが、私の勾留中のノートには「舎」と書いてあるので、「舎」とします）があります。私のいた第二舎と第三舎の間にはかなりの幅の中庭がありました。そこには花壇がしつらえてありました。一九八ページで述べますが、男性がこの中庭を看守とともに歩いているのを上から見たことがありました。第三舎の向こうには拘置所の正門があります。正門の前を道路が通っているのですが、拘置所の外から第二舎まではかなりの距離があります。

独房北側は廊下側ですが、窓の向こうには第一舎が建っています。だから第一舎の向こう側は見えはしないのですが、向こうには拘置所の塀がありその塀に沿って道路が走っています。その道路わきで教会の信徒の方々が私を励ますために賛美歌を歌ってくれたのです。それが聞こえてきます。聞こえるとはいっても讃美歌の歌詞まではっきりとは聞こえませんが、歌ってくれているメロディーは分かります。

道路で讃美歌が始まると私に聞こえないようにオヤジさんが廊下側の窓をすべて閉めます。オヤジさんが急に窓を閉め始めると、今日も教会の方々が来て賛美歌を歌ってくれているのだと分かりました。信徒との連帯が感じられないようにするオヤジさんの振舞いによって、皮肉にも拘置所の意図とは逆に、教会の信徒さんの連帯の志が私にははっきりと感じられたのです。

▼隣りの独房から来る合図

人との接触から隔離されている独房内での孤独感、この隔離がいつまでも続くのではないかという不安、誰にも知られなくこのまま世界から消えていくのではないかという恐怖などへの対処は一八三ページで述べました。このような努力はしていても心に潜む恐怖心はことあるごとに首をもたげてきます。この恐怖心を克服できるのは外部と連帯しているのだ、外部とのルートは確保されているのだという確信のみです。前述したように、弁護士さんたちが毎日来てくれたり、教会関係者がほとんど毎日のように拘置所に向かって讃美歌を歌ってくれたりしたのは私が外の世界と繋がっている証左を示してくれていたのです。そして現にそれは私には大きな支えでありました。

私が拘置所に勾留されていた期間のうち二〇日は取り調べがありました。この期間には黙秘ではあっても人とは接触しているので、閉鎖されているという心理状態には陥りません。残りの日々のうち初めのうちは毎日が昨日の繰り返しではありましたが、面会や差し入れに気がまぎれて、寂寥感に襲われることはありませんでした。一ヵ月半も過ぎたある夜のことです。すでに就寝の時間は過ぎていました。

天井のほの暗い電灯に照らされているとはいえまったくの静寂の中で人工的な音が響いてきました。「響いてきた」というとドンドンと響いたように解されるかもしれませんが、実際は本当に低い音でした。低くても夜中のしじまの中で何の心構えもない時にコンと聞いた音だったので実際よりも大きく感じられたのです。次の音も実にひそやかでした。寝ている足元の辺りに隣室から低い叩く音がするのです。トントントンと三回鳴りました、私は次の音をジッと待っていましたが、トントントンで終わりでした。もう鳴りません。次のトントントンを待っている間に眠たくなって寝入ってしまいました。

次の日はその音のことをいろいろと考えて過ごしました。隣室の独房に誰が入っているのか知りません。隣室の人もその部屋に私が寝ているとは知らないでしょう。隣人は「この人」や「あの方」に聞いてもらいたくて低く壁を叩いたのではありません。そうではなくて、「人」に聞いてもらいたかったのです。私の中には「人」としての自分に向かって信号が発信されたということが隔絶された状況の中にあって一種の連帯感を呼び起こしてきました。これは、面会に来てくれる人や寒い中で賛美歌を歌ってくれる方との連帯感とは少し性質の異なった共同存在感ともいうべき感情でした。隣人が伝えたいのは何なのか、何故この日に始まったのか、これらは分かりません。しかし「人」が隣りにいて、自分が一人ではないのだという共同存在感は閉鎖的な孤独感を押しのけてくれました。

次の夜にもほとんどの勾留者は寝入っていると思われる頃に低い壁の音がありました。私はそれに低い音でトントントンと応えました。しかしそれに対する返答はありませんでした。数秒間だけの「人」のサイン、存在確認信号でした。これは私にとってはまったく意図せざる対拘禁症状効果がありました。そしてこのサイン交換は一〇日ほどで終わりました。隣人が続ける意義を認めなくなったのか、独房から出たのか。続けられなくなった理由は私には不明なままです。しかしこのサイン交換が拘置所の知るところとなって隣人が止めさせられたのではないと思っています。私は拘置所から何か尋ねられることはありませんでした。独房にあって一〇日間ほど強い共同存在感に満たされた身には再び退屈な拘置所の日々が過ぎていくことになりました。

▼手紙やハガキ

拘置所に入っている人と外部との接点は面会だけではありません。手紙も出せるし、受け取れもします。私が受け取ったのは励ましの手紙やハガキが多いのですが、奇妙なハガキをもらったことがありました。差出人は同じ拘置所内にいる人でした。宛先は私になっているので、私が福岡拘置所に勾留されていることを何かで知って私宛に出しているのです。内容は私の逮捕理由であるペルー人支援とも私の社会的な活動とも何の関係もありませんでした。独房から見える中庭を時々係員と歩いている人は死刑囚です、という意味のハガキでした。一九五ページで述べたように、私は第二舎と第三舎との間の中庭を看守とともに歩いている男性を見かけたことはありましたが、この手紙の内容は私にとっては何の意味も持っていませんでした。だからそれを私に知らせて来た理由は分かりません。それ以前にも、それ以後にも、その人からの連絡はありませんでした。もしかしたら、その人は私に何通ものハガキを書いて出したのだが、検閲でその内容が不適当と判断されて没収されていて、私にはまったく無害で無意味な内容のこの一通だけが許可されて投函され届いたのかもしれません。

拘置所から出すハガキや手紙はすべて検閲されます。私はクリスマスに数人の方に、ろうそくを描き炎に赤く色を付けた手書きのクリスマスカードを書きましたが、拘置所の判断でこの絵の部分をカットするように指示されました。これは何かのサイン、暗号だ、というのです。まったく無意味で滑稽ないいがかりなのですがカットせざるを得ませんでした。拘置所の売店ではクリスマスカードも販売していて、そこでは赤い炎の燃えているろうそくの描かれたカードも買えるのです。販売しているカードの赤い炎は印刷されているものであり、そこには知られている意味以外の特段のサインは認められないが、勾留者青柳個人の描いた赤い炎には何らかのサインが秘められているかもしれない。これが法務省の判断なのです。

▼独房で渡されたメモ

私は内密のメモを手渡されたこともありました。食事は係の人が手押し車に乗せて来て、廊下側の壁に開いている小さな窓から差し入れてくれるのですが、ある時、その係の人が小さなメモを手渡ししてくれたのです。独房に入っている人が当人で書いてこの係の人に渡したのか、係の人に口頭で伝えて、この係の人が書き込んだのかは分かりませんが、ともかく私への伝言でした。仲間のホームレスや日雇い労働者の人に自分に面会に来てくれるように伝えてほしい、という内容でした。

私は、八〇年代の後半はホームレスや日雇い労働者支援活動に参加していました。独房にいるこの人は、自分の仲間と親しい私がこの独房にいることを何かで知って、仲間への伝言を依頼してきたと思われます。もしかしたらその人は私と直接接したことがあるのかもしれません。ともかく私は次の日に接見に来てくれた弁護士さんにその旨を述べて、善処を依頼しました。弁護士さんも了解してくれました。その結果については、私は聞かないままでした。何故と言っても、私にメモをくれた人と「ご意向は伝えまして、面会に来てくれましたか」と、コミュニケーションをとる方策はないのですから。

メモをもらって読んで弁護士さんにお願いしてみようと決めた後すぐ考えたのは、このメモが見つかれば私はもちろんのこと、依頼した人も係の人もしかるべき懲罰を受けるだろう、メモを処理しなければならない、ということでした。独房内にはゴミかごがないので、破いてゴミかごに入れるわけにはいきません。水洗トイレに流す以外に独房内から消えてもらう方法はない、これが私の結論でした。早速メモを小さく破って水洗トイレに流しました。独房のトイレは和式です。トイレ後方からの水流が紙を前の方の穴までは押し流してくれます。紙は軽いのでトイレ前方では水と一緒に流れ落ちてくれなくて舞い上がってきます。何度流しても紙は浮かび上がってくるのです。仕方がないので、浮かび上がってくる紙をすくい取って、水を払って呑み込みました。独房で渡されたメモは私のお腹に収まって、発覚しないで済んだのでした。

▼パンくずが理由で受けた懲罰

チャブ台の前に正座か胡坐で背筋を伸ばして座っていなかったり、トイレしたくなって勝手にトイレに行ったりしたら処罰されることは前（一八七ページ）に書きました。実に腹立たしいことです。しかし私は正座していないという理由で処罰を受けたことはありませんでした。これには私の独房の位置が私に有利に働いていたのです。私の独房はその階の入り口から二番目にあったので、見回りが来た時には、入り口のキーを開ける音でそれと分かったのです。だから、その音がしたらすぐ座り直すことができたのです（「その階の入り口から二番目にあった」と言いましたが、一八一ページでみたように、私のいた独房は「福岡拘置支所第2舎3階31号室」でした。部屋番号には一がついているのですが場所は入り口から二番目の独房でした）。

「見回り」に話を戻します。この「見回り」は字義通りに「見回り」でした。何らかの規則違反があってもその場で注意はしません。声も掛けません。見回して通り過ぎるだけです。何かの違反に気付いたらその様子をメモしていたとは思いますが、メモをしている様子を私は見たことはありません。

しかし違反があれば、ほんの小さな違反でも、すぐに報告されていたことは確かです。それは私が受けた懲罰を考えれば明らかです。その懲罰の事情は次のようです。

前に述べたように、独房棟には独房の外側に幅が一メートル半ほどのベランダが付いていて、部屋との間には鉄格子がはめられています。私はある時、その鉄格子越しに、差し入れしてくれたパンを食べた後の小さなパンくずをベランダに飛んで来ていたハトに投げ与えたのですが、悪いことにハトはそれをついばまないまま飛び去って行ってしまいました。さらに悪いことに、昼に一回、夜に一回見回りをする職員が見回りの時にベランダに落ちていた一センチ二ミリのパンくずを見つけたのです。この見回りは私には何の注意もしません。しかし私はすぐに懲罰委員会に呼ばれました。

規則違反、または規則違反と思われる振舞いがあっても即座に懲罰が決定されるわけではありません。懲罰委員会が開かれるのです。懲罰委員会に召喚されて初めて私は、拘置所を汚したのが処罰の根拠であり、一センチ二ミリのパンくず放置が処罰の軽重の判断理由であることを知らされたのです。拘置所の幹部がずらりと並んでいる委員会です。全員が制帽を机の上の自分の席の前に置いていました。検察と裁判官が一体化していて弁護士不在の裁判のようなものです。私の処罰はケイビョウキンバツと決定されました。難しい単語です。聞いただけでは意味は分かりません。軽屏禁罰と書きます。漢字で書けば「軽」と「罰」は分かります。「屏禁」（私はビョウキンと言っていましたが、辞書によるとへイキンと読むそうです）の意味は書いてもらってもわかりません。イメージとしては昔の座敷牢です。

私は、拘置所は清潔に保たれなければならないのに一センチ二ミリのパンくずをちらかして拘置所を汚して清潔保持に違反した、ということでこの処罰に処せられることになったのですが、物々しい懲罰委員会の決定は一週間の面会禁止と布団を初め差し入れ物撤去と正座でした。面会禁止は弁護士さんには適用されませんので、この一週間の間も弁護士さんは面会に毎日来てくれました。私は精神的に大変救われました。正座の方は係員の見回りが来るとすぐ分かる場所にいたので守っていないのが見つかることはありませんでした。辛いのは差し入れてくれた布団が使えないことでした。拘置所の敷布団も掛布団も薄いうえに寒い時期だったので辛い一週間でした。

懲罰の間はずっと独房の廊下側に「抗弁」と書いた板を下げられました。抗弁は「口答えした」、すなわち指導や注意に口答えして従わなかったという意味だろうと思うのですが、「抗弁」札は従順でないので何らかの処罰を科していることを知らせているのです。私の場合は規則を破ったので懲罰中という意味です。この「抗弁」の札は他の独房でも時々下げられていました。どのような「抗」をしたのが理由で下げられているのか、抗弁の内容がどのような処罰なのか、期間はどれくらいかなどは分かりませんでした。

しかしこの懲罰は辛かったのは辛かったのですが、思いがけない波紋を呼び起こしました。後で知ったことですが、私が勤務していた学校の生徒さんたちが懲罰とその理由を知って、やはり青柳先生はハトにパンを与えるような優しい先生なのだ、それで処罰するなんてひどい！　とあらためて感心したり憤ってくれたりしたとのことでした。といっても私の処罰、軽屏禁罰そのものが報道されたわけではありません。拘置所内の出来事は重大事でない限り報道されることはないし、まして勾留者一人が懲罰されたからといってニュースにはなりません。

懲罰の始まった次の日も弁護士さんが接見に来てくれました。私はこの接見の時に懲罰の契機や内容を報告しました。それを知った弁護士さんや救援会の人たちが急遽記者会見を開いて、一センチ二ミリのパンくずで一週間の正座懲罰に罰せられたこと、さらにはそもそも起訴勾留が続いていることの不当性をアピールしてくれました。それが新聞報道やニュースで報じられて生徒さんたちが私の懲罰のことを知ったのです。そしてあらためて私の勾留が生徒の間でも私に好意的な話題になったというわけです。

三　取り調べ

▼独房から取調室への往復——無意味で空虚な形式と手順

留置場でも拘置所でもすべての自由がはく奪されています。風呂に行くのにさえ手順が決められていることは一八八ページに述べましたが、拘置所内での取調室への移動に際してもすべて規格化されていて、空虚な形式と手順が決められていました。

廊下より一段高い教卓のような台に常駐している年配のオヤジさんが「取調官が来ました」と私を呼びに来ます。独房を出る準備ができるとオヤジさんが独房の入り口を開けます。風呂に入る時のように、二メートル半ほどの廊下をまっすぐ前を向いて横切り、廊下の窓側に描いてある足型のところまで進み、立ち止まります。そこで窓の方を向いたままオヤジさんが独房の入り口に施錠するのを待ちます。オヤジさんが戻ってくると、オヤジさんと並んで、私は窓側を、オヤジさんは中央側を、風呂に行く時とは逆方向に、三階の入り口の方に向かって歩きます。歩くといっても、私の部屋は出入り口から二番目ですから、アッという間に入り口に来ます。出入口は透明の引き戸です。

出入口の前の床にまた足型が描いてあり、その上に立ち止まります。オヤジさんが出入口の錠前を開けて出入口を開けます。私たちは踊り場に出ます。また足型が描いてあります。私はその足型の上に直立不動で立っています。オヤジさんが出入口を閉めて施錠します。オヤジさんが私に並んだら、右側の階段をこれまたオヤジさんと並んで下りて行きます。取調室は一階です。一階では取調室の前の小さな控室に入ります。オヤジさんは到着を知らせますが、その部屋には入りません。電話ボックスくらいの本当に小さな待合室です。そこに入るとすぐに取調室に入るように声が掛けられます。取調室に入ります。

取り調べが終わると、来た時に入った小さな控室の前にオヤジさんが待っていて、来た時とは逆の道順で独房に戻ります。よそ見をしないで前を向いてまっすぐ歩き、足型の所で直立してオヤジさんが引き戸を開けたり閉めたりするのを待つのです。拘置所は恐ろしいほどまでにナンセンスな手続きに満ちた機構です。

▼取り調べの時間と取調官

拘置所での取り調べの時間は、午前は一〇時から一二時まで、午後は一時半から四時過ぎまでです。私の場合は午前という日もあったし、午後という日もありました。午前か午後かの違いはありましたが、取り調べは毎日ありました。私を取り調べるために勾留しているのですから、取り調べが毎日あるのは当たり前と言えば当たり前でした。毎日といっても週日だけで、土曜日、日曜日、それに祝日にはありません。

取調官は毎日同じ人、福岡県警本部のN警部でした。どうして取調官の名前が分かるかというと、取り調べの初めに「福岡県警のN警部です。どうぞよろしく」という風に自己紹介をしたわけではありません。家宅捜索の時に責任者は名前をはっきりと述べます。それがN警部でした。取り調べるのもその家宅捜索時の責任者でした。だから名前ははっきりしています。名前ははっきりしているのですが、肩書は警部だったのかどうかあいまいです。「部長」だったかもしれませんが、本書ではN警部で話を進めます。

▼取り調べの進行

取調室は独房よりも大きく、三畳半くらいでした。私の場合にはN警部と私の間には長さ九〇センチほど、幅八〇センチほどの机があります。目の前に相手がいるのですから、会話を進めるのは簡単なのですが、私の場合は、前に述べたように黙秘ですから会話はありません。N警部は取り調べ当初は私に話しかけていましたが、黙秘と分ってからはすべて私に聞こえるようなつぶやきだけになりました。一メートルほど先の人につぶやきと分かるようにつぶやくのですから、大きな声ではありません。しかしかなり芝居がかったつぶやきでした。

私はそのいくつかは今でも覚えています。「こんなに有意義な支援活動をされているのですから、その意図や結果などを十分に聞きたいんだがナ～」は自尊心をくすぐるつぶやきです。「こんなに立派な人助けをしているように見えるのに何も話さないというのはきっとやましいことがあるんだろうナ～」は挑発しているのです。「人にはとても理解してもらえないような大変な苦労だっただろうナ～」はホロリとさせる泣き落としです。夕暮れ時には「夕焼けだ、カラスはねぐらに急いでいるのに、青柳さんもお家に帰りたいだろうにネ」と里心を掻き立てる時代がかった台詞も口にしていました。「家内と『今日も青柳さんは何も言ってくれなかった、明日はきっと喋ってくれるだろうな～』という話をしましたよ」と奥さんをダシにした泣き落としバージョンもありました。

取り調べの時間は長い時も短い日もありました。その長短は取調官が決めていたのか、仕事の都合で決めていたのかは分かりません。取り調べの間、私は目をつぶって救援会のメンバーのことや家族の様子や子どもの成長のこと、弁護士さんとの面会の時の報告事項、教会の様子やさまざまな社会運動の現状などを考えていました。そんな時に、仏様にお祈りをする時のように顔の前で手を合わせて、指を組んで目をつぶって考えている姿勢になったことがありました。これは意図した姿勢ではなく、まったく偶然にとった姿勢でした。それを見て、N警部はつぶやきの声とはまったく別の声で、お願いだからその格好でお祈りするのは止めてほしい、と言います。一瞬、私は何を言われているのか把握できませんでしたが、自分の仕草のことを言われているのだと気づき、それを止めました。取り調べは黙秘していたのですが、このようなコミュニケーションは成立していたのです。

取り調べは二〇日間の間、時間の長短はあるとはいえ、週日は毎日ですから、そのうちに脅しにしても泣き落としにしても挑発にしてもつぶやきは種切れになります。種切れになると沈黙の時間となります。昼食後ですと、一〇月というといい天気ですし、静かな時間が流れていると眠たくなります。N警部は腕組みをして居眠りをします。書記官も寝ていました。私も頬杖を突いたり机に突っ伏したりして寝込みました。時には床に横になって寝たこともありました。警部は眠りに拘置所に出向いているわけではなく、書記官にも別のやりがいのある仕事はあったでしょうが、取り調べは彼らにとっても私にとっても無為で無駄な時間でした。

しかし、取り調べはN警部の無駄なつぶやきと書記官の報告「黙して語らず」を内容とする調書作成と居眠りで終わったわけではありませんでした。

▼検事の取り調べ――はっきりと目に見える上下関係

拘置所は検察庁の管轄下にあるのですが、検察庁での取り調べは常に検察庁の取り調べスタッフ、すなわち検事が担当するわけではありません。県警のスタッフも担当します。私の場合には、前に述べたように福岡県警のN警部が担当していましたが、二〇日間の取り調べ中に二度だけ検事の取り調べがありました。警察のスタッフが取り調べても、検事が取り調べても調書は作成されます。しかし公判では検事の調書が優先されます。検察は警察の調書を信用していないようです。私の場合にはどちらにしても「黙して語らず」の黙秘ですし、調書に署名も捺印もしなかったので、警部の取り調べにしても、検事の取り調べにしても変わりはありませんでした。検事の二回の取り調べは一種の実態調査だったのかもしれません。

拘置所で取り調べる警察の取調官はいわば検察庁の監督下に置かれて職務を行っています。警察の取調官は検察庁に来ると係員に用件を聞かれ、「誰々の取り調べに来ました」と用件を述べます。次いで所長宛てに入庁伺い的書類を出します。それに了承を貰って、持ち物検査を受けて入庁します。さらに自分でさっさと取調室に入って行くというわけではありません。係員の誘導で取調室に入り、そこで被疑者が来るのを待つのです。食事の時間も部屋も決まっているのだそうです。前述した代用監獄でのように取調官の判断で被疑者に便宜供与を図ることはできないのです。

私の場合には検事の取り調べは二回ありました。その時に検察と警察の役所の格の違いを絵に描いたようにはっきりと知りました。一回目の方が初めての経験でしたから、印象は鮮明です。N警部の取り調べ中でした。その時はつぶやきの最中だったのか、私も警部もともに沈黙中だったのかは覚えていないのですが、突然検事が取調室に入ってきました。その瞬間に警部は直立不動の姿勢を取りました。勾留者は廊下でオヤジさんが出入口の開錠や施錠を待つ間に直立不動の姿勢をとりますが、それとは比べ物にならないくらい厳しい職業人の直立不動です。入ってきた検事が厳しさで音に聞こえていたので警部がそうしたとは考えられません。入ってきた検事の顔を見る時間もない瞬間的な動作でした。

私は警部の余りにも素早い動作と厳しい直立不動の姿勢に驚いたのですが、何が起こったのか把握できませんでした。検事の取り調べが始まるまでには間が少しありました。5秒くらいだったのか、10秒を超えていたのか覚えていませんが、驚きが過ぎて検事が入ってきたのが分かった時には検事のポジションと警部のそれとの比較にならないくらい大きな落差に気づきました。実際はたいした違いではないのかもしれませんが、警察と検察という役割や権威主義の集団倫理などを考えると、警部はことほどさように厳しい上下関係の中で呼吸をしているのだとあらためて感じました。

N検事（警察からの取調官である警部とは氏名は異なるのですが、姓の頭文字はNと同じです。N検事の名前がはっきりと確認できたのは起訴された時です）の取り調べは実にあっけらかんとしたものでした。私が黙秘していることは分っていますから、何や彼をあらためて聞くのは無駄だと思っていたのでしょう。起訴するかどうかを決めるのは検事ですから、雰囲気とか感触とかを探りに来たのかもしれません。N検事は「青柳さん、スコラ哲学は難しいそうですね」とつぶやきました。私が哲学科を卒業していて神学などを勉強したことや卒論でキルケゴールを扱ったのを知っていて、哲学的なつぶやきで挑発しようという作戦だったのかもしれません。私は黙秘です。このつぶやきだけで検事の取り調べは終わりました。N警部が駆使した泣き落としもなければ、同情心に訴える雰囲気もありません。「取り調べ」と言える代物とは思えませんが、警部と検事の質問のレベルは大きく異なっていました。ともかくこのつぶやきだけ残して、警部と書記官とは相変わらず緊張している部屋には一分も居なくて検事は取調室を後にしました。

検事の二回目の取り調べもN検事は突然入ってきました。警部の瞬間的な直立不動の態勢は前回と同じでした。今度もつぶやき的ではありましたが、今回のつぶやきは哲学問答の挑発ではありませんでした。捜査はち密にぬかりなく行っているから、黙秘は空振りですよ、とにおわせる形而下的な内容でした。私の給与と支出を調べてみると九千円（二万円だったかもしれません）が不足している、と言うのです。単位が「一ヵ月に」だったか「一年に」と言ったのか記憶はあいまいですが、額はそれくらいの少額でした。その分をペルー人支援運動資金から私的に使用していたはずだ、という確認を取るための取り調べが続くかと思っていたのですが、何も言いませんでした。ただ「不足している」としか言いませんでした。質問の言葉も、確認の要求もありません。一種のつぶやきでした。私から何らかの反論を引き出したかったのかもしれませんが、私は相変わらず黙秘でした。検事には完黙ということは分かっていて、完黙を確認するためにつぶやいたのかもしれませんが、ともかくこれで取り調べは終わりでした。今回もN検事は取調室には一分もいなかったという感じでした。それ以降は検事の取り調べはありませんでした。二回を合わせても二、三分に満たない慌ただしく意味も理解できない検事の取り調べでした。

▼取調官の芝居的激怒

二〇日間の取り調べは沈黙とつぶやきと居眠りと「黙して語らず」の静寂と検事の完黙確認的で性急な取り調べの中だけで進行したわけではありません。取り調べが続けられている間でも独房にいるわけですから孤独感、寂寥感、無力感などは押し寄せてきます。救援会の人や弁護士さんからの支援が、激しい心の動揺を落ち着かせてくれたことは確かですが、私の信仰心も大きな役割を果たしてはいました。この信仰心はまったく予期していなかった外的な出来事への対応でもその力を示してくれたことがありました。

取り調べ中に事件が起こった時のことです。「起こった」というより、私が「起こした」側面も否定できない騒動でした。ある時、私は取り調べを拒否したのです。オヤジさんが「取調官が来ました」と連絡して来ても独房から出ませんでした。独房の中から「今日は、私は行きません」と言いました。オヤジさんは報告のために下に行きます。戻って来て、「警察は取り調べが必要だと言っています」と言います。私は「行きません」と繰り返します。また下に報告に行きます。戻って来ます。しばらく時間をおいてから私の所に来て催促します。私は再び「行きません」。これを数回繰り返しました。

時間は経ちます。オヤジさんが「このままじゃ私は帰れない」と言います。泣き落としです。泣き落としとは分っていたのですが、取調官のN警部に「取り調べには応じません」と直接伝えることにしました。取り調べ拒否を伝えるために独房を出たとは言え、いつもと同じ足型の場所で直立不動の移動儀式です。しかしいつもとは違う点がありました。誘導されたのは今までの取調室ではありません。二畳くらいの狭い部屋です。机といすがありました。室内にいるのはいつもと同じくN警部と書記官ですが、一見して雰囲気は険悪です。悪い予感がしました。いすに座るとすぐに「取り調べは拒否します」と言って退室するために立ち上がりました。その瞬間、警部と書記官の二人が入り口のドアの前に立ちふさがりました。本当に瞬間でした。

出られないだけでありません。警部は「取り調べに応じないとは何事だ!」「何だと思っているんだ!」「貴様は自分を何様だと思っているんだ!」など怒号、罵詈雑言を浴びせます。ボソボソとつぶやいたり眠ったりしていた取調官の振舞いではありません。一騒ぎが終わるとしばらく沈黙します。息を整えたN警部は「座れ！」と言います。私は着席します。「そうだ。座ればいいんだ！ 取り調べる」「応じません。帰ります」と言って退室するために立ち上がります。二人がまた入り口に立ちはだかります。警部は、今度は怒号だけではなく、机やいすを力任せに蹴ります。警察の代用監獄での取り調べはこんなものかを思いました。また机に戻ります。取り調べ拒否を繰り返します。また怒号と脅迫です。私は肉体自身が締め付けられているわけではないのですが、息が詰まるほどでした。私がこの事態に耐えられたのは「呼吸の祈り」のおかげでした。

これはロシア正教の巡礼者が歩きながらするお祈りです。息を吸う時に「主よ」とか「神よ」とかお祈りの相手に呼びかけます。吐く時に「哀れみたまえ」とか「守りたまえ」とか唱えます。呼吸をするごとにお祈りを誦ずるのです。私はこの祈りで息苦しい怒号と脅迫を乗り切りました。

しかし拘置所での取り調べですから、警察の留置所での代用監獄でのように長時間も続けるわけにはいきません。怒号、脅迫、机やいすへの当たり散らし、沈黙、その間の呼吸の祈りを何回か繰り返しました。この事件はN警部が「私も帰る！」と諦めて終わりました。

私はその時は震え上がって呼吸祈りでしか耐えられなかったのですが、後から考えてみると、すべてが黙秘を突破するためのN警部による足がかり、芝居だったのだと思いいたりました。取調官は一種の俳優です。それは代用監獄内であっても、拘置所内であっても変わりません。N警部は私に対する取り調べの中でその一部を披歴したのです。芝居は下手ではありませんでしたが、警部は所期の成果を上げることはできませんでした。取調官の迫真の芝居が私に影響を及ぼさなく通り過ぎて行ったのは呼吸の祈りのおかげでした。

この芝居には後日談があります。次の日に弁護士さんが接見に来てくれた時に、この「事件」の顛末を報告しました。報告した翌日の取り調べ冒頭にN警部が「弁護士に喋ったろう」と尋ねます。この言葉はつぶやきではありませんでした。それには心から相手に尋ねるという心情と雰囲気が感じられました。その後に胃薬を飲みます。そして演技に戻って「将来もあるだろうに」と聞こえよがしにつぶやきます。弁護士さんが裁判所に「過酷な取り調べが行われている。保釈すべきだ」と抗議、要請したのです。もちろん弁護士さんの要請は通りません。すなわち保釈はされませんでした。検察は「過酷な取り調べはしないように」という注意は警部にしたのでしょうが、私を保釈しないばかりではなく、取り調べ終了後九二日間も起訴勾留を続けました。検察も完黙している私を易々と保釈するつもりはなかったのです。

▼取り調べ終了後の取調官の思わぬ振舞

逮捕後の取り調べは、特段のことがない限り、最長で二三日です。私の二三日目、最後の日の取り調べは、いつもと同じように、つぶやきと沈黙と「黙して語らず」で終わりました。しかしこの日のN警部は奇妙な振舞いをします。取り調べが終わった後で、私と一緒に廊下に出て来るのです。N警部は取調官として私の完黙によってろくなどころか、一枚の調書も取れませんでした。取り調べは失敗でした。これは恨み節の一つでも聞かされるナ、と私は推測しました。

N警部はまったく思ってもいなかった行動を取ります。私に握手を求めてきたのです。私は今日が最後だと思い、手を差し出しました。N警部は仕事としての取り調べをした旨を述べて、言葉通りではないのですが、「ご苦労さまでした」に類する慰労の言葉を述べました。続けて「どうしても分からないことがある。教えていただきたいのですが、松本清張ばりに『点と線』がつながらないのです」と言うのです。二〇二〇年ですと警部の口に松本清張の名が上るのは奇妙に聞こえるのですが、私の取り調べの時期は一九九三年です。その時代性からみると、推理小説の草分けである『点と線』の作者が没したのは一九九二年ですから、推理小説ファンとすれば解けない謎を考える時に松本清張や「点と線」が口から出たとしても首を傾げるほどのことではありませんでした。

N警部がどうしても解けなかった謎は九月八日の自宅家宅捜索の朝に私のとった行動についてです。この日の私の行動は一三五ページ以下で述べています。私が自宅を出た後に家宅捜索員は家に来たのですが、私は勤務先近くのJRの駅に着く前に家宅捜索のことを知って、列車がその駅に到着する前に降りて博多に引き返しています。現在とは違って携帯電話もない時代です。どうして自宅を出た後に自宅の家宅捜索のことを知ったのかが警察には謎だったのです。

その日の私の行動は次のようでした。自宅近くの吉塚駅から北九州に向かう電車に乗ります。私は入り口近くの座席に座っていました。電車は水巻駅で停まります。一人のサラリーマンが新聞を持って列車に乗って来て私の目の前で広げました。それを見るともなしに見ます。というより目の前に新聞が広げられたのです。ペルー人支援グループのA氏宅家宅捜索という記事が目の前にあります。A氏とは自分以外の誰でもない、とすぐ分かりました。迷っている暇はありません。列車のドアが閉まる前に列車から飛び出しました。そしてしばらくして、勤務先に向かうのとは逆方向の博多方面行きの列車に乗り換えました。博多駅で降りると自宅には帰らずに弁護士さんの事務所に向かいました。

このような家宅捜索当日の朝の事情を私は廊下に立ったままでN警部に説明しました。これによって警察の謎は解消したのです。N警部は安堵したのでしょう。「ありがとう」と再び握手を求めてきました。これは取調室では許されない、調書には記載できない質問であり、回答です。N警部が廊下まで私と出たのはこれを知りたかったからです。

彼の二三日間の取り調べ、脅かしや泣き落としや時代がかった芝居はすべて無駄でした。得た成果と言えば、私の家宅捜索の日の私の行動が解明できたことだけでした。この成果は廊下での二、三分間の立ち話から得られたもので、公的にはどこにも生かされない性格のものです。とは言え、N警部は誰にも言えないし、誰にも聞けないこの疑問を抱きながら、私の前でつぶやきと居眠りと怒り心頭の形相の芝居をする二三日間を過ごしたのです。

四　保釈、そして刑事裁判と民事裁判、支援グループ、私の裁判の持つ現在性

(A)　保釈

私は一九九三年九月二七日に逮捕され、三日間の福岡県東警察署での留置を経て、検察庁管理下に

ある拘置所での取り調べが二〇日間、起訴勾留が九二日間でした。起訴勾留が長引いたのはひとえに二三日の取り調べ中に私が黙秘を続けたためであるとしか考えられません。この間の取り調べと拘置所での生活や支援者による早期保釈請求署名については述べた通りです。

私の完黙への見せしめとしての九二日間の起訴勾留は第三回公判の日、一九九三年一月一九日の保釈で終わりました。保釈といっても第三回目公判が閉廷したらその足で傍聴者と一緒に自宅に帰るとか、教会に向かうというような簡単なものではありませんでした。この日に保釈されることは事前に弁護士さんから聞いていました。前にも書いたように公判の日には当該勾留者は一番先に風呂を使わせてくれます。ですから私もこの日は早く風呂を使わせてもらい、公判が終わったら釈放、とウキウキしていました。

この日はいつもより身なりを整えて出廷しました。舞鶴にある福岡地裁での裁判は閉廷し、藤崎の拘置所に帰って来ました。もう保釈の連絡を待つばかりで心は浮き立っていました。しかしこの連絡がなかなか来ません。弁護士さんの保釈請求が最終的に通らなかったのだろうか、背広を拘置所用の服に替えなければならないのだろうか、今日保釈されないとなると、保釈まで一体全体何日待たなければならないのだろうか、と不安と戸惑いが広がります。つい涙が流れ落ちるほどでした。一月ですから夕暮れの気配が早々と漂い始めます。やっぱりこの日の保釈はないのだろうと諦めかけました。夕食時間の四時半がどんどん近づいてきます。四時半直前にオヤジさんが「おめでとう」と言って来ました。保釈だったのです。私は一人ながら飛び上がらんばかりに喜びました。後から聞いたことですが、保釈はこの日と決まっていたのにそんなに遅れたのは保釈金二〇〇万円を裁判所が受け取る会

夜の闇の中での釈放でした。拘置所正門前で多くの方が待ってくれていました。

計や金庫の時間帯と弁護士の支払い手続きに時間がかかったのが原因でした。

保釈の手続きがギクシャクして時間が遅れたとはいえ、ともかく保釈の通知はありました。保釈の通知をもらったら身一つで拘置所の正門に直行というわけにも、これまたいきません。一苦労があるのです。まずは独房の整理です。布団など部屋にある自分のものを運び出さなければなりません。オヤジさんが台車の使用許可をしてくれましたし、幸いにエレベーターも使用もさせてくれたので助かりました。助かったのは助かったのですが、この日は、私は、公判はあったし、保釈通知を緊張しながら長い時間待機していたので疲労困憊でした。台車に布団を乗せてエレベーターで一階に降りて出たところで力が尽き、台車に乗せていた布団の上にくずれ落ちてしまいました。目を開ける力もなく、ただ布団の上で激しく息をついていました。どれくらいこうしていたのか、五分くらいだったのか、一五分もただ崩れ落ちていたのか、分かりません。しばらくして人心地がついてきました。

次いで一階の倉庫の整理をしなければなりません。所持品や差し入れていただいた物を置いていた倉庫です。衣服から本から倉庫にある私物をすべて持って出なければならないのです。それを整理して持てるようにするのに時間がかかります。整理が終わると持ち物すべてを正門まで運ばなければなりません。布団のような大きな物も抱えて運び、正門から抱えて出なければなりません。

このような荷物を運び終えて正門を出て保釈は完了しました。正門前には教会や救援会の方々が車で待っていてくれて、拍手で迎えてくれました。これで独房での生活は終わりましたが、私は疲労困憊でした。それでも当日の拘置所正門前での保釈を迎えてくれた人々からの保釈祝いの花束を渡され、謝辞を述べる時にはさっきまでの疲労困憊ゆえの苦渋に満ちた顔がくしゃくしゃの笑顔に変わったのです。その時の写真を見ると疲れを越えた感謝と喜び様子が見て取れます。

▼保釈の夜の慰労会――「華麗なる完黙」と「怒りがないね」

拘置所の正門を出たのは闇の中でした。七時過ぎだったと思います。荷物を片づけたり運んだりするのに二時間半近く必要だったのです。正門前で待っていただいた方々も時間は経つし暗くはなるしで気が気ではなかったと思います。しかし時間は遅かったのですが、私は拘置所から出ることができました。正門前で保釈祝いの花束を受け取り、迎えに来たくれた皆さんと三〇分ほど歩いて福岡市早良区の西福岡教会に行きました。全国から多くの方が集まってくれて慰労会を開いてくれたのです。その方たちも待ちくたびれていたのですが、心から私の保釈を喜んでいただきました。

私の報告やお話を聞いていただいただけでなく、保釈歓迎の歌を歌ってくれたグループもあり、フルートを楽しませてくれた方もいました。心が和み、仲間の温かい心に感謝する豊かな一時でした。二五年前のことですが、私はこの場での暖かで心和む仲間の連帯感とともに弁護士さんと支援者の言葉をよく憶えています。どちらの言葉も大切にしています。

弁護士さんからは、「青柳さんの完黙は華麗なる完黙だ」と言われました。保釈の日の弁護士さんの言葉なので、誉め言葉ではありますが、この「華麗なる」という言葉には背景があります。その場には私の強力な支援団体である「許さない会」の事務局長を務めていただいた筒井修さんも出席していました。その筒井さんも逮捕されたことがあり、その時に完黙で押し通したのです。弁護士さんたちの間では筒井さんの完黙は「剛毅なる完黙」として知られていました。それと対比して私の完黙を「華麗なる」と形容したのです。私自身は自分の完黙のどこが「華麗」なのかは分からなかったのですが、この言葉をよく覚えています。

支援者の方から言われた「青柳さんには怒りがないね」と

釈放された日の慰労会の様子

いう言葉もよく覚えています。前後の言葉とか話題の内容などはすっかり忘れているし、私を誉めているのか、私をたしなめていたのかも覚えていないのですが、今もこの言葉だけが時々浮かび上がってきます。私自身は、怒りは闘うエネルギーになることは知っていますが、できるものなら怒りは避けて、優しさを持ちたいものだと思っているので、「その通り」という気持ちがあって覚えているのかもしれません。

▼自由であること、自由と感ずること

一九九四年一月一九日に布団や本を抱えて拘置所の正門を出て一一五日間の拘束から解放されました。多くの方から祝福された保釈祝賀会も終わりました。これで日常生活や時間の使い方は自由になりました。凍てつく厳しい冬の寒さの夜に差し入れてもらった毛糸の厚い靴下で冷たい足を温めた、あの暖房のない独房生活は終わりました。大きな安堵感に心は満たされていました。

しかし自分が自由なのだという自由感は解放された安堵感と時を同じくして感じられたわけではありません。私の場合は安堵感と自由感とは少し違っていたのです。保釈後どれくらい経ってからかは憶えていないのですが、都市高速の上を車で走っていて博多港の海岸をカモメが波間に飛んでいるのを見て「ア、これが自由なのだ!」と心から叫びたい気持ちになりました。これが心身ともに拘束から解放された瞬間でした。

(B) 刑事裁判、支援グループ、私の裁判の持つ現在性

多くの支援者に支えられていた移住労働者ペルー人支援活動は活動の中心にいた私の逮捕によってその活動は転機を迎えて、きわめて制限されたものとなっていきました。私自身は入管法での不法就労助長罪で起訴された裁判闘争に立ち向かうことになりました。

裁判は一九九三年一一月に福岡地裁で第一回目の一審公判が開かれ、福岡高裁第二審判決が一九九八年三月に出され、刑の確定が同年四月ですから、裁判は約四年半にわたっています。

▼起訴の根拠とその不合理性

私に対する起訴状の文面は以下です（社名、氏名、住所は伏せ字、または未記載にしています）。

> 起訴状
>
> 左記被告事件につき公訴を提起する。
>
> 被告人は、かねて本邦において就労することを希望する外国人を就労先に不法にあっせんするなどしていたものであるが、平成四年七月五日ころから同五年五月一一日ころまでの間、六回にわたり、別表記載のとおり、福岡市博多区○○○丁目○番○○号所在の○○カトリック教会等において、福岡県○○郡○○町大字○○○○○番地の○所在の塗装合板製造販売等を営む○○○

株式会社代表取締役○○○○らに対し、本邦に在留中のいずれもペルー共和国国籍を有する外国人である○○○○○・○○○○・○○○○こと○○○○○・○○○○・○○○○○・○○○○○ら六人が不法就労活動をする情を知りながら、右会社などで就労するものとして紹介し、もって業として外国人に不法就労活動をさせる行為に関しあっせんしたものである。

罪名及び罰条
出入国管理及び難民認定法違反同法第七三条の二第一項第三号

罰条に記載されている入管法の第七三条の二第一項には、

次の各号のいずれかに該当する者は、三年以下の懲役若しくは三百万円以下の罰金に処し、又はこれを併科する。
一 事業活動に関し、外国人に不法就労活動をさせた者
二 外国人に不法就労活動をさせるためにこれを自己の支配下に置いた者
三 業として、外国人に不法就労活動をさせる行為又は前号の行為に関しあっせんした者

とあります（二〇二〇年五月現在）。これが不法就労助長罪です。一九八九年一一月一七日に成立した改正入管法に書き込まれた条文で、それ以前にはなかったのです。なお、罰金は当初は二〇〇万円でしたが、二〇〇五年には三〇〇万円に引き上げられています。国会における一九八九年の改正入管法の審議では、この条文では警察や検察の恣意的な解釈や適用が起こるという懸念が多く提出され、付帯決議付きでやっと成立した「いわく付きの」条文です。

私はこの条文に違反したとして入管法に不法就労助長罪が追加されてから四年後の一九九三年秋に逮捕され、同年一〇月に起訴されました。私がこの条文適用第一号でした。

前記の第七三条の二第一項の第一号は「事業活動」をしている個人や会社が対象です。私はこれには該当しません。第二号は外国人を支配下に置いている者が対象ですが、私は外国人を支配下に置いていません。私が起訴されたのは第三項違反ですが、ここでは「業として」を強調しているように「あっせん」業者が対象です。これを見てもいわゆる「悪徳斡旋業者」の取締が立法の趣旨であるのは明らかです。私の「業」、すなわち職業は教諭、教育者でした。不法就労活動をさせることを「業として」もいないし、その他の斡旋を「業として」行ったこともありませんでした。また、私の逮捕がこの条文適用の最初の事例であること、逮捕と起訴は十分な根拠に基づいてではなく、国策的観点からなされたものであり、検察庁自身が起訴や公判の維持に大きな不安と危惧を抱いていたことなどは前に述べました。

国会の審議において成立の条件として付された付帯決議の第三項では「不法就労外国人（に対して

も）人権は保護（し）、人道的観点から適切な措置」をとるように求めています。国はこの種の措置を取らなかったので、ペルー人が私を頼って来たのです。私個人が二一八人のペルー人の保証人にならざるを得なかったことや、これだけの人数の保証人になるには入管自身が（事業活動を行っているわけではない一人の個人でしかない）私の活動を人道的活動と認めていない限りあり得ないこと一つを見ても明らかなように、国が私をこの条文で裁くことは根拠を欠いているのです。そして法の趣旨に反しているのです。逮捕も起訴も外国人の置かれた実情に目をつぶり、ひとえに表面を飾るだけの権威主義的で一時的な方策にすぎないのです。一九八九年一一月の改正入管法審議の時期に各方面から提示されていた「警察や検察の恣意的な解釈や適用が起こるという懸念が」現実になり、私の人道的行動は国家の名で処罰されることになったのです。

▼裁判に臨む私たちの方針

公判における私の基本的な主張は罪状の否認であり、無罪の立証であり、国の強権的な起訴の弾劾でした。ペルー人支援の実態を述べ、それは基本的人権に立脚した人道的でキリスト教的な隣人愛と世界市民的な観点からの支援活動であり、逮捕は政府の入管制度のほころびを隠蔽するための「でっちあげ」「みせしめ」であり、ましてペルー人支援活動は起訴の要件には合致していない、と無罪を主張するところにありました。情状酌量によって刑を軽くしてもらおうという立場ではなく、権力による国策的起訴と対決するという立場でした。

弁護団の主任弁護士を務めていただいた津留雅昭弁護士は一九九四年三月一〇日の第六回公判で被告側の冒頭陳述を行うのですが、そこでは①入管行政のひずみと国の不当な対応、②ペルー人の在留資格の恣意的な取扱、③支援活動の深まりと支援カンパの取扱、④国の入管政策の不備について詳しく述べ、その上で「真に、責任が追及されるべきは入管行政のあり方である」ことを明らかにしています。

しかし、この裁判が楽観出来ないことは私たちにも十分に分かっていました。津留弁護士は『共に生きる I』に掲載している「裁判の方向性」で前記の意見陳述の内容を補足しながら、一七二ページで述べた検察による証拠隠滅について「青柳氏と同じころに逮捕された六人のペルー人たちが、国外へ退去させられる前に検事から取り調べを受け調書が作られているが、突然の逮捕という動揺の中で、しかも通訳も不完全なままの調書に信用性はない。しかも、先々重要な証人になることがわかっているペルー人をさっさと国外に退去させたことは証拠の隠滅にも等しい」と位置付けて、「ペルー人の検察官調書の扱いが最終場面に来ている（……が）裁判所の姿勢は厳しいものがあり予断を許さない」と報告しています。いわば弁護団自身がこの裁判の難しさを認めざるを得なかったのです。

▼裁判の進行

福岡地裁での公判は二三回開かれています。一九九三年一一月三〇日の第一回公判では人定質問、起訴状朗読などがあり、その後に私が前記の趣旨で意見陳述を行っています。検察官も冒頭陳述を行いました。その中で、私が仕事を紹介したペルー人から紹介料をもらい、企業からも紹介料を取っていた「悪質ブローカー」だと強調しました。マスコミが「青柳＝悪質ブローカー」というこの検察側の主張を無批判に垂れ流したので、私のペルー人支援を理解していただいている方の中にもこのニュースを信じた人がいました。まして一般の人はこのニュースを信用しきっていました。弁護団はこの検察主張の論破に力を注ぐのです。

一九九三年一二月二二日の第二回公判で、私は被疑事実を否認し、検察側はペルー人調書について、当のペルー人らが退去処分を受けて国内にいないことを理由にして証拠採用を請求しました。このペルー人調書の信憑性については、津留弁護士の前記報告にあるように、極めて疑問です。むしろ検察側は強制送還という形で証拠隠滅を図っていたのです。

以降の公判では、教会関係者や経営者が、いずれも被告側の証人として、ペルー人労働者の置かれた状況やカンパされた金子の使用に私個人の不審な使用はなかった事実、ペルー人労働者の紹介はボランティアであり斡旋料の請求や支払いはなかったことなどを証言しています。検察が主張している「青柳＝悪質ブローカー」をくつがえす証言でした。

それに対して、検察は「青柳は集めたカンパを私用に流用していた」旨の有効な証言を引き出せる証人を立てることができませんでした。私的流用を立証できないのです。私的流用という理由自体が検察と警察が外国人排斥の雰囲気をかき立てようと意図して「でっちあげ」た口実です。でっちあげですから、実態も事実もなく、証人もいないのは自明です。しかし検察は何らかの弱みを持っている人を探し出して証人にしてきました。

私は「二〇〇人以上のペルー人の保証人になっている、保証人はペルー人の帰国費用を保証することになっている、カンパのお金は日本におけるペルー人支援にも使用していたが、それ以外にも「いざ」となった時に保証人としての役割を果たすためにお金は必要だった」と主張していました。検察側の証人は、私の主張に反証する必要があるのですから、「被保証者の旅費など考える必要はありませんでした」と証言せざるを得ません。裁判長もその点が気になっていたと思われます。証人に「それでは、帰国しなければならないときにはペルー人はどうするのですか」と質問しています。証人は「神様がどうにかしてくれます」との証言でした。この証言には裁判長も苦笑いする以外に反応の仕方はありません。検察側の証人の証言はことごとくこのような裁判官をして戸惑わせ苦笑させる類でした。信憑性のある証言は皆無でした。

私が拘置所に入った時に写真を隠し持っていたカトリック吉塚教会のウィリアム・シュルツ神父さんの弟で、お兄さんがペルーに移った後にこの教会に着任したベン・シュルツ神父さんは「青柳さんの活動は、キリスト教の信者として根本的な隣人愛を表す行為でありすばらしい活動です」と、私の活動は宗教的、人道的な活動であった旨を証言しました。この証言は控訴審での本田哲郎司祭と小林賢吾司祭の重要な証人証言を引き出す契機ともなりました。

▼法廷の様子

私の公判には毎回八〇名ほどの方が傍聴してくれました。私の救援団体である「許さない会」の会員をはじめ多くの支援者にねばり強く協力していただいたのです。開廷前に福岡地裁の正門前で門前集会を開くのですが、この時には「許さない会」のメンバーが所属していた合同労組の街宣車で市民への宣伝も行いました。以下は「うわさ」の範囲内なのですが、門前集会が開催されていたために担当の裁判長や裁判官が正門から裁判所敷地に入るのを嫌がり、または避けて、裏門から入っていたというのです。後日ではありますが、「裁判長は正門から入れなかった屈辱感のゆえに青柳に厳しい判決を書いたのだ」と語る人もいました。

前述したように、私の入管法（不法就労助長罪）違反の裁判では「慈善事業としてのペルー人支援活動を認めよ」という立場ではなく、外国人労働者排除政策しか持ち合わせていない国による不当弾圧を乗り越えて無罪を勝ち取る、という視点から起訴事実の否認および無罪主張を展開しました。いわば「国家権力と対峙」が法廷方針でした。その頃の弾圧の対象への警察やマスコミのレッテルは（二一世紀に広く使用されるようになった「テロ」ではなく、）「過激派」でした。ですから、警察も「青柳支援者＝過激派」視していました。裁判所もそうだったと思われます。私の裁判の場合には、公判が開かれている法廷に近い部屋に公安が待機していました。何かが起こればすぐ法廷に駆けつけるためです。「過激派」対策です。その方面に詳しい方は「法廷内にまで張り付くことはないから、ここに控えている」と言い添えていました。

法廷もピリピリした雰囲気でした。裁判長の訴訟指揮は非常に厳しくて、傍聴席から「クスッ」としのび笑いが聞こえただけでも、裁判官は「今言葉を発したのは誰ですか！」と叱責したり、裁判長への抗議というニュアンスではなく、軽く「なぜですか?」と聞こえたりしただけでも、また証言者への小さな軽い拍手に対しても「退席！」と宣告するくらいでした。小さいお子さんを連れて傍聴に来ていただい方がいて、その小さい子どもが少しぐずりました。この場合も「退廷!」でした。

▼教材としての不法就労助長罪違反裁判

私の第一審裁判は約二年半続いたのですが、この裁判を西南学院大学の神学部教授が学生さんを連れて傍聴に来てくれました。この先生は福岡市内のバプテスト教会協力牧師でもあったのですが、移住労働者ペルー人支援活動は実践神学の学習になるというお考えでした。そして傍聴した学生さんにはレポートを課していて単位認定をしていたそうです。

▼一審判決と控訴、控訴審の進行

裁判では私は無罪を主張し、検察は懲役一〇ヵ月を求刑しました。一九九六年三月二五日に判決言い渡しがあり、決定は有罪(量刑は懲役八ヵ月、執行猶予三年)でした。それに対して私は控訴しました。

控訴の主な理由は、私への協力カンパを斡旋の対価とみなしている、信憑性を欠くペルー人の調書を証拠として採用している、私の活動をカトリック教会の「正義と平和協議会」の活動とは無関係と判断していることです。

控訴審は一九九七年二月に始まりました。私たちは控訴審で五名の証人を申請しました。採用された証言を簡単に説明しておきます。私の自宅近くにお住いで、私のペルー人支援活動も理解しているし、ペルー人がどのような状況で私の家に押し寄せていたのかを目にしていて、支援活動の実態もよくご存じの方や他の方の証言により、私のペルー人支援はすべての人々、とりわけ困窮から脱出するのに打つ手をなくした人々との共生と共存を目指しているものであり、不法就労助長罪が適用される性格のものではないこと、検察が主張している「青柳＝悪質ブローカー」ではないという私たちの主張はより明確になりました。

さらには、釜ヶ崎で日雇い労働者の支援を続けていた本田哲郎司祭と川崎市で日雇い労働で生活費を得ながら、外国人労働者支援活動を続けていた小林賢吾司祭のお二人には、私のペルー人支援活動は、カトリック内に設置された「カトリック正義と平和協議会」の趣旨に則るものであり、キリスト教の博愛精神を体現しようとしているものだと証言していただきました。

二人の神父さんの証言により、私の支援活動はカトリックの大きな流れにそった活動であることが明らかにされました。この証言は神父さんの言葉であるだけに説得力がありました。弁護団内でも、この証言は裁判官の判断に大きな影響があり、判決を被告有利に導くだろうと判断していました。

▼控訴審での勝訴——刑事裁判の終結と解雇撤回の闘いの開始

控訴審は約二年続き、一九九八年三月二五日に判決言い渡しがありました。判決内容は一審破棄、罰金三〇万円でした。罰金三〇万円というのは、まったくの善意からの人道的見地からとはいえ、在留資格のないかもしれないペルー人に就職を紹介したことを問題視して立件した検察庁の顔を立てた、すなわち検察庁の面子をすべてつぶしたわけではないという程度の判決内容でした。判決の内容を見れば、私のペルー人支援活動は不法就労助長罪が適用される事例ではなく、私の勝訴＝実質無罪であることは明白でした。検察も控訴しなかったので、翌月四月八日に私の刑は確定しました。一九九三年九月の家宅捜索で始まった私のペルー人支援活動への国による弾圧は四年半続いて九八年三月に罰金三〇万円の刑事裁判で終わったのです。

このように刑事裁判では多くの方の支援で、私は「実質無罪」であり、私への不法就労助長罪適用は誤謬であることは明らかになり、国策逮捕、国策起訴が退けられたのです。しかし検察庁の面子を立てただけにしても判決で私に罰金刑が科されたことは私個人には大きな負担となりました。すなわちこれを理由として私は解雇され、それを撤回させるための折衝を重ね、さらには民事裁判を闘わなければならなくなったのです。

▼さまざまな支援者グループ

今までも支援者の活動についてたびたび言及していますし、次節で述べる民事裁判でも触れますが、約一三年間にわたる私の逮捕、勾留、刑事裁判、民事裁判の間に多くの個人やグループには私の活動を支援していただきました。この方たちの支えがなければ、私のペルー人支援活動は未熟な社会運動の例となっていたかもしれません。支援は民事裁判終結まで続いたので説明の一部には先走っている部分もありますが、ここで支援グループの概略を説明しておきます。

私の支援グループは全国に及んでいましたが、大きく区分すれば外国人労働者支援の市民グループ、キリスト教教会などの宗教関係の団体、労働運動の団体の三つがありました。それぞれのグループは明確に区別できるものではありませんし、重複している人もいます。

市民グループは「アジアに生きる会・ふくおか」や「移住者と連帯する全国ネットワーク」などが中心となり外国人労働者の人権を守る闘いを続けていた団体や個人でした。「許さない会」にも市民グループから参加していただき、刑事裁判の時にも民事裁判においても広く市民へのアピールや署名活動を続けていただきました。

私は福岡教区の「カトリック正義と平和協議会」に積極的に参加していましたし、カトリック吉塚教会の信徒会長を務めたり、カトリック福岡教区の美野島司牧センターで活動をしたりしていた時期もありました。このような理由で多くのカトリック教会関係者が私を支援してくれました。

支援者の中にはプロテスタントの方も、さらには仏教徒のグループもありました。この方たちが勾留中も、刑事裁判でも民事裁判でも集会や署名や傍聴で支援を続けてくれました。刑事裁判では全国的に知られている神父さんの証言があり、私の外国人労働者支援はカトリック教会内での国際的に見ても新しい考え方と密接に結びついた活動である旨の重要な論証になっています。民事裁判に舞台が移った後では、勤務校のM校からも私からも種々の提訴がなされたのですが、両者ともにカトリック関係者だったので、多くのカトリック関係者が仲介に努力してくれました。「日本カトリック正義と平和協議会」の会長であった岡田武夫司教がM校に対して寛大な処置を求めていたし、各教区の「カトリック正義と平和協議会」も私を強力に支援してくれました。

労働組合で言いますと、全国の労組のグループ「全国争議団交流会（争議団連絡会議（東京）、関西争議交流会（関西）および、北部九州反弾圧争議団労組交流会（九州））」に積極的に支援していただきました。

私の一番身近な支援グループは、私の一九九三年九月の逮捕直後に急遽結成された「許さない会」でした。この会が私の支援活動の中心を担っていました。「一番身近」というのは、この会の会長は私の妻が担当していたからです。事務局長は合同労組の代表執行委員である筒井修さんが引き受けてくれていました。私が逮捕された夜に直ちに留置されている警察署の前で「不当逮捕糾弾」の集会を開いて、「青柳さんを返せ！」「青柳さん、がんばれ！」などの留置されている私に激励コールを届けてくれたのもこの会のメンバーでした。この会は、私が勾留されていた期間、また保釈後も会合を毎月、時には毎週開いて、全国の人権団体や労働運動との連絡や裁判の方針などを打ち合わせてくれました。筒井さんの積極的で精力的な活動がなければ、この会の青柳支援活動は続かなかったと思います。筒井さんには、このような法廷外での支援だけではなく、民事裁判でも証言していただき主尋問、反対尋問に答えていただきました。理論的支援と実践の両面から強力に支援していただいたのです。

支援者という位置づけが妥当かどうか分かりませんが、私が参加していた平和運動や社会運動の中で知り合った多くの弁護士さんたちも裁判での弁護を担当してくれたばかりではなく、運動の進め方や方針の検討にも陰になり日向になり大きな援助をしてくれていました。特に津留雅昭弁護士を団長とする五人の弁護士さんが刑事裁判でも民事裁判でも弁護団として法廷活動を支えてくれました。取り調べが続く二三日の間だけではなく、起訴勾留されている間も弁護団の誰かが毎日面会に来てくれました。面会は来てくれた時の喜びも大きく、別れる時の寂寥感も大きいのですが、私は毎日の面会に非常に力づけられていました。しかも弁護士の方々には無償で弁護を引き受けていただきました。

▼私にとって支援者グループの更なる意義

支援者の主な活動は私を支援する集会の開催と宣伝や署名活動、さらには裁判の傍聴でした。私にとっては支援者が存在する意味はそれ以外にもありました。

一つは、私にとってはどんなに強調しても強調しすぎることはないのでたびたび申し上げますが、支援者の励ましによって逮捕、勾留、さらには刑事と民事の裁判を闘い抜くことができたことです。逮捕された夜の励ましコールによってその夜は大きな感激に包まれました。勾留された拘置所では二四時間中一人です。不安、疑念、反省等などが押し寄せて来ます。希望や確信や信仰心もわいては来るのですが、ネガティブな感情も次々とわき上がってきます。容疑者を密室の中で二三日間一人にしている権力の目的はそのネガティブな感情に容疑者を取り囲ませ、圧倒させて、自暴自棄にさせることです。それは分かってはいても押し寄せて来る感情は止めようがありません。これらの故に拘禁症状が現れたり、虚偽の自白が行われたりするのです。これを防ぐには外界との接点がぜひとも必要です。私の場合には支援者がこの接点を確保してくれていたのです。支援グループの方は私を励ますために拘置所の外からスピーカーでコールを続けてくれました。信徒の方々はコールではなく賛美歌を歌ってくれました。これは拘置所内の私と外界との重要な接点になっていました。このような支援者がいてくれたおかげで、私は「華麗なる」完黙を貫くことができて、九二日間の起訴勾留を耐え抜き、刑事と民事の両裁判を闘い抜くことができたのです。

二つ目は全国的に外国人労働者支援の渦を形成できたことです。時期的には少し先になりますが、二〇〇六年二月のある青柳支援文書は「札幌地区カトリック正義と平和委員会」「青柳さんを支える会・北海道」「青柳さんとともに歩む会・大阪」「青柳さんと共に歩む会・和歌山」「青柳さんを支える会・長崎」「ペルー人等救援の青柳行信さんを支援するキリスト者東京の会」の連名で出されています。外国人労働者支援の動きは全国に広がっていたのです。

このように全国各地に青柳支援グループがあり、私はそれらの拠点での集会に出向き、情報を交換するとともに、運動の深化を図ってきましたし、これらの実に様々なグループの方々が署名活動や講演会などで支援を続けてくれたのです。

その中で外国人労働者の人権運動の一つの渦が形成されました。この渦の軸は外国人労働者の人権問題ではあるのですが、さらには労働者の権利や生活、平和な社会の建設、あるいは日本の警察、検察の人権侵害の実態についても共に考えていただきました。支援者の方々が各地でこれらのテーマで報告する機会を提供していただき、この渦を大きく動かしてくれていたのです。

▼私の裁判が持つ現在性

第一審での私と津留弁護団団長の意見陳述には、情状酌量によって刑を軽くしてもらおうという立場ではなく、権力による国策的起訴と対決するという立場が明確に示されています。このように私の不法就労助長罪裁判は国の入管政策の不備と瑕疵を問う裁判だったのです。この裁判は一九九〇年代中葉の外国人労働者の置かれた状況について国の入管政策の不備と瑕疵を指摘したのですが、現在の時点で裁判を振り返ってみると、二五年経っても日本の外国人労働者に対する対応は何も変わっていないことを痛感せざるを得ません。すなわち、二〇一八年一二月に政府は国会審議も杜撰なまま新入管法を成立させました。私への不当な逮捕と起訴が行われた九〇年代には外国人労働者は概数五〇万人とされていました。そして二〇一八年末には外国人労働者は概数一四七万人と言われています。

外国人労働者は二五年間の間に約三倍に増加しているのです。しかし変わらないのは、津留弁護士が指摘しているように、外国人を使い捨てにする日本政府の方針です。日本の入管制度は外国人労働者の生存権、労働権を尊重していないのです。外国人労働者の基本的人権を侵害し続けているのです。憲法に保障されている基本的人権が外国人労働者にも保障される制度が必要なのです。

私の二五年前の裁判で照らし出された日本の外国人労働者政策の暗部は日本の社会が解決すべき問題として現在も指摘されなければならないし、今後ますますその位置の重大さが明らかになっていくでしょう。そして、そのような状況で国の方針と真正面に向き合った判決を求めたところにこの裁判の意味があったし、難しさもあったのです。

(C) 民事裁判

▼民事裁判の経過と和解

私の刑事裁判は一九九八年四月八日に罰金三〇万円の実質勝訴で確定しましたが、これで私の生活は逮捕以前一九九三年九月の教師の生活に戻ったわけではありませんでした。刑事裁判の確定直後に勤務先のM校から解雇通告があり、二〇〇六年までの八年間にわたり解雇に関する折衝と民事裁判が続いたからです。民事裁判においては、二〇〇〇年一二月二五日の地裁判決では解雇無効の判決、私の勝訴でした。翌日一二月二六日にM校が控訴します。二〇〇二年一二月一三日の高裁判決では第一審の解雇無効を取り消し、私の逆転敗訴でした。私は一二月二七日に最高裁への上告を行います。そして二〇〇五年一二月一六日に最高裁が上告を棄却しました。すなわち高裁の判決確定です。それを受けてM校は諸種の金銭に関する訴訟を提訴します。私もそれに対応する訴訟を起こします。双方からの提訴がさまざまに行われていたのですが、二〇〇六年九月にキリスト教関係者からの強い働きかけがあり、M校側がそれまでの強硬な態度を軟化させ、和解のテーブルに就き、話し合いが始まりました。そして三ヵ月後の二〇〇六年一二月一八日に双方は和解に同意しました。この和解実現にはペトロ岡田武夫司教（二〇二〇年一二月一八日逝去、ペトロ岡田武夫司教名誉大司教）には最大の尽力をしていただきました。

▼「和解」への評価――支援者の思い

民事訴訟の相互取下と和解金の支払い完了により、私の移住労働者ペルー人支援に関する一九九三年九月八日の家宅捜索以来一三年間にわたった係争はすべて終結しました。しかし私が求めていて支援者の多くの方々も望んでいた解雇撤回要求（職場復帰）は実現しませんでした。いわば解雇に関する法的な問題の終結を見たということにすぎません。ではありますが、私の支援者の多くは二〇〇六年一二月のこの和解を支持してくれました。特にM校の経営母体の修道会が私の経済的負担軽減に手を差し伸べた点に「和解」の意義を強調する向きも多かったのです。

和解直後から私のもとには「おめでとう」「よかったですね」などのお祝いのメールやハガキが一八〇通ほど寄せられました。内容は和解を喜び長年の活動をねぎらうものがほとんどでしたが、職場復帰がかなわなかったことを残念がるメールも数通ありました。

第八章

国家権力に追われた人々との出会いと外国への支援活動

日本にたどり着いた難民の支援とイラク支援

▼ペルー人労働者支援に関する裁判継続中の人権擁護活動

前章で述べたように、国策捜査によって不法就労助長罪の嫌疑を受けての逮捕や刑事裁判、その判決後は勤務先のM校の不当解雇撤回の折衝と民事裁判を一三年間にわたって闘ってきたのですが、その間にも人権擁護の活動、平和運動を続けていました。この活動は民事裁判和解後も続いていましたが、この分野の活動は私の今までの活動とは性格を異にしていました。今までの活動でも外国人との接点は多いのですが、その支援活動を必要とする原因は日本にありました。日本企業の公害輸出や政府による外国人に対する人権侵害や外国人が日本に来て働く場での日本の会社や個人による人権侵害に対する抗議の行動であり、人権擁護活動でした。それに対して、この章で説明する私の活動は国際的な動きと連動した活動であり、出来事の原因は外国にあり、一種の救いを求めて日本に来た外国人を人権の視点から支援する活動と観ることができます。その一つは外国から日本に来た難民の支援です。今一つは核兵器のもたらした被害への日本からの支援活動です。

これはカトリック教会全体が取り組んでいる「正義と平和協議会」の趣旨を日本国内で実践するだけでなく、その趣旨を国際的な場でも実践していく活動であり、外国の宗教関係者との交流と連帯の成果でもありました。また今までの活動で築いてきた人権問題関係の多くの市民運動の方々と協力して実現した活動でした。これらによって私自身の視野を広げることができたし、今まで以上に諸分野の方々と交流することができました。

北朝鮮難民（脱北者）支援

▼「キム・ヨンファンを支える会」を立ち上げる

刑事裁判の控訴審判決が出てM校からの解雇通知などで私の身辺は慌ただしかった一九九八年四月末のことですが、横浜のカトリック信徒から電話がありました。北朝鮮からの密入国者が福岡の入管に収容されたという新聞記事がありました、ご存知ですか、という内容です。私は知らない旨を答えるとすぐその新聞記事のファックスが送られて来ました。身辺が忙しい中でしたが、私はこの密入国者に面会するために在日コリアンの通訳と入管に行きました。入管は、この密入国者はほんとうに北朝鮮から来たのか、と疑っていました。その通訳の人は面会後に、韓国と北朝鮮とでは同じハングルでも異なる表現や発音があるので韓国の人か北朝鮮の人かは判断できる、この方のハングルを聞くとこの方は北朝鮮出身である、と確信をもって言いました。これを受けて入管はキム・ヨンファンと名のるこの人を脱北者と判定しました。私はキム氏への人道的対応を求めるために「キム・ヨンファンを支える会・福岡」を立ち上げました。

金龍華（キム・ヨンファン）氏は北朝鮮からの難民、いわゆる脱北者です。この節では金氏の自伝（金龍華著、長谷川由紀子訳『ある北朝鮮難民の告白』窓社、二〇〇三年）に依拠しながら、金氏の強靭な精神に支えられた過酷で波乱に満ちた半生を概略します。その中で私の支援活動も説明します。

▼金氏の日本亡命まで

北朝鮮での金氏の経緯　金氏は頑強にして優秀な模範党員であり、屈強の軍人が選ばれる武装強行軍に所属していました。しかし国の方針変更によって除隊となり、車両の修理などの分野で仕事をしていました。一九八八年七月、金日成（キム・イルソン）主席に関する特別物資輸送列車の責任者となっていたのですが、その列車に異常が見つかり安全のために列車を止めて修理しました。それが批判されました。主席の大切な物資の輸送を遅らせた責任は重い、というわけです。予測されるのは二〇年の懲役か、政治犯収容所送りか、公開処刑です。いずれにしても社会的再起は不可能な状況です。金氏は脱北を決意して川幅五〇メートルの鴨緑江を泳ぎ渡ります。三五歳の時でした。

中国で潜伏七年、韓国へ亡命、そして日本へ密入国　七年に及ぶ中国での潜伏の後、韓国に行くことを決意します。一九九五年中国から乗ってきた小舟から韓国海洋警察警備艇に乗り移り韓国に亡命します。四二歳でした。韓国では収容所、保護所と回され、まったく人権を無視した取り調べを受けます。まるで犯罪者であるかのような取扱いでした。一年後に釈放されますが、脱北身分確認裁判中という位置づけで、亡命は認められません。

韓国で人権問題にかかわっている金日柱（キム・イルチュ）さんが主宰されている韓国農村文化研究所という教育施設で掃除などの仕事をして生活を支えていました。しかし北朝鮮の屈強の軍人であったことや的確な判断力はよく知られていました。一九九七年には、大統領候補の金大中（キム・デジュン）が北朝鮮からの書簡を受け取っていたという報道に対して、その書簡が北朝鮮から投函されたものではない証拠を詳細に指摘して、その報道がまったくの謀略であることを証明しています。金大中候補を追い落とそうとする策略から救い出すのに決定的な役割を果たしたのです。

アメリカ大使館から呼び出しがあり、米軍捕虜ジョン・スミスの消息について尋ねられたり、テレビ番組に出演して北朝鮮での韓国人捕虜の実情について話したりもしました。しかし亡命は認められなかったばかりではなく、脱北身分確認審査の様子から見て、亡命が認められる可能性はゼロでした。金氏は、韓国は私を救ってはくれない、裏切られたのだ、と諦めて一九九八年四月に小舟を入手して、それにディーゼル油一六〇リットルを積み込んで夜陰に乗じて日本への密入国のエンジンをかけました。

日本漂着と支援者との出会い　約七〇時間後に玄海灘に浮かぶ福岡県沖ノ島に漂着します。この島は宗像大社の私有地であり聖地です。人は住んでいません。金氏が漂着した時は漁民が数人小さな小屋にいて仕事をしていたそうです。言葉は分かりません。密入国者だということで、福岡の入管に送られます。これは密入国や脱北者の分野ではよく知られている逸話で、沖ノ島への不法侵入の一例として Wikipedia にも記載されています。

入管で取り調べを受けるのですが、通訳がうまくいきません。しかも通訳は北朝鮮の事情には疎く、金氏の事情説明は誤解されたままで、取り調べは一向に進みません。ある日面会者がありました。それが私たちでした。もちろん初対面です。次いで牧師や弁護士も面会に来るようになりました。引き続いてある団体のメンバーの方が個人の活動として毎日のように面会に来てくれるようになりました。このような中で「キム・ヨンファンを支える会・福岡」が結成され、私は事務局長を務めることになりました。

▼支援運動の拡がりと韓国籍取得

金氏は弁護士のアドバイスに従って福岡地裁に強制退去無効訴訟と難民不認定取消請求訴訟を提訴するのですが、まもなく大村の西日本入国管理センターに移送されます。さまざまな局面で批判されていることですが、このセンターの取扱はまったく非人間的で、衛生状態も劣悪です。金氏は改善を申請したり、ハンガーストライキを行なったりしましたが、まったく改善されませんでした。さらに、強い精神を持っている人でも管理センターでの閉鎖的状態に耐えられるのは三ヵ月が限度だと言われています。将来に対する不安、孤独感、国に残した家族の安否、親や兄弟に及んでいるかもしれない迫害への心配などが重なり絶望感にさいなまれるのです。そのような中で三ヵ月も経つと憂鬱状態や幻覚などの精神的な問題がまず起こります。次いで鼻血、耳鳴り、眼痛、さらには血便、血尿、歯痛、胸の痛みなどの身体的な異常が見られるようになります。管理センターには専属の医師はいません。病気を申告しても「たいしたことはない」「若いからすぐ治る」などと言って真面目に取り扱ってはくれません。

九九年夏には金氏の健康状態は極めて悪化します。そのような中で私はしばしば大村のセンターで金氏に面会していました。そこでの一人の係員と私とは妙に気が合っていて、私はその係員の子どもの教育相談にも乗っていました。その係員が私に「仮放免を申請してはどうか」と教えてくれます。金氏はそのアドバイスに従い、弁護士と相談して仮放免を申請します。それが認められて、金氏は二〇〇〇年三月に仮放免となります。日々の拘束から解放されたとはいえ、仮放免ですから裁判は続いているし、一ヵ月に一度は管理センターに出向いて諸事を報告しなければなりません。しかも仕事に就くことはできません。住まいは支援グループのメンバーの方の個人としての厚意で、その方のお世話になりました。生活費はカンパに頼っていました。

私は自分の復職のために民事裁判を続ける一方で、金氏支援活動も精力的に行っていました。支援活動は金氏が福岡地裁に提起した裁判の支援と大村の西日本入国管理センターでの面会と日本および韓国の各方面への働きかけでした。これらはすべて弁護士や支援者と共同で行っていました。二〇〇〇年九月には金氏と一緒に上京して、金氏の状況改善を政党関係者に訴えました。同時に日韓議員連盟を通じて韓国に金氏の韓国受け入れを働きかけていました。金大中大統領への請願署名活動も行いましたし、韓国での支援が必要となった時の韓国側の窓口を韓国のカトリック教会の金壽煥（キム・スファン）枢機卿に引き受けていただいていました。

金枢機卿は一九二二年に生まれです。日本の上智大学で哲学を学び、日本で召集され軍務につい

韓国で金枢機卿を訪問した時の写真です。正面が金枢機卿です。

たこともありました。日本の敗戦後帰国し、再び大学で哲学を学び、さらに（当時の西）ドイツで長年研鑽されました。その後韓国で司教を務めていたのですが、一九六九年に韓国初の枢機卿に任命されています。朴正煕（パク・チョンヒ、一九六三年～七九年大統領）下での軍事政権に対して人権擁護運動を行いました。これは韓国のキリスト者と市民に大きな希望と勇気を与え続けていました。金大中大統領の精神的な支柱として韓国の民主化に大きな足跡を残しています。一九九八年に第一線から退き、二〇〇九年に八七歳で逝去されました。

金さん支援活動で金さん支援強化のために私は訪韓したことがありますが、その折に金枢機卿にお会いしました。その時の友好的な対応は忘れることが出来ません。執務室で私は枢機卿からの神の祝福の祈りをお願いして跪いたのですが、枢機卿は「私こそあなたから祝福の祈りを受けるものです」と言われました。私は枢機卿の言葉に驚き、その謙遜さに感動しました。

枢機卿はすぐ金さん支援について各方面に働きかけてくれました。

私は韓国でいただいた枢機卿の写真入りのキーホルダーは今もいつも身に着けています。

この訪韓時には国会議員の金日柱氏の紹介で潘基文（パン・ギムン）韓国外交通商省大臣（日本の外務大臣に当たる）にも面会して金氏の韓国受け入れを要請しました。パン氏は後に国際連合総長に就任した方で、深い見識と広い視野をお持ちの方です。

二〇〇〇年一一月に福岡地裁は二〇〇一年二月二日に金氏の判決を出すと決定しました。関係者は福岡地裁が金氏の亡命を認めるかどうかを非常に気にしていました。私たちは、裁判所が亡命を認めなかった場合には控訴する、と決めていましたが、金氏当人も関係者も気が気ではありませんでした。判決申し渡し二月二日の前日二月一日に韓国の窓口になっていただいていた国会議員の方から電話がありました。潘大臣から以下を私に伝えてもらいたい旨の連絡があった、すなわち金氏の韓国受け入れを決定した、ただし条件が二つある、一つは提訴を取り下げること、一つはマスコミには知らせないこと、という内容でした。私としては欣喜雀躍というところです。金氏にも同じころ、福岡の韓国総領事館に二月二日一〇時に出頭するようにと連絡がありました。

翌二日早朝弁護士さんと裁判所に行き、すべての提訴を取り下げる手続きをします。弁護士さんは「判決を聞いてみたかった」といくぶんか心残りの様子でした。救援運動をともに担ってはいても、それぞれの方の中には様々な願望や見通しが宿っていることが分かります。私はその足で金氏と領事

潘外務大臣を訪問した時の様子（左から金さん、金日柱さん、潘外務大臣、私）

館に行きます。その席で金氏には、韓国の金大中大統領と李総理の直接指示で韓国入国の臨時パスポートを発給する、という決定が知らされます。私には領事から、大統領宛の請願書提出も承知している旨の発言もありました。ただしマスコミには知らせないようにとあらためて厳しく要請されました。

二月五日私は金氏とともにマスコミの目を逃れて福岡国際空港から韓国金浦空港に向かいます。金浦空港には韓国のマスコミが来ています。金氏も私も無言でした。翌六日から数日間は当局の関係者や政府の関係者に手続きや表敬訪問などであっという間に過ぎました。李総理も金さんと私に会っていただきました。九日には潘大臣にもお会いしました。大臣は金さんに丁寧な言葉をかけていましたし、金さんからもお礼の言葉を述べました。大臣からは私にもお礼の言葉がありました（上の写真）。金日柱さんは、前にもお名前が出てきましたが、金さんの受け入れに尽力されていて、韓国での金さんの身元保証人にもなっていただきました。

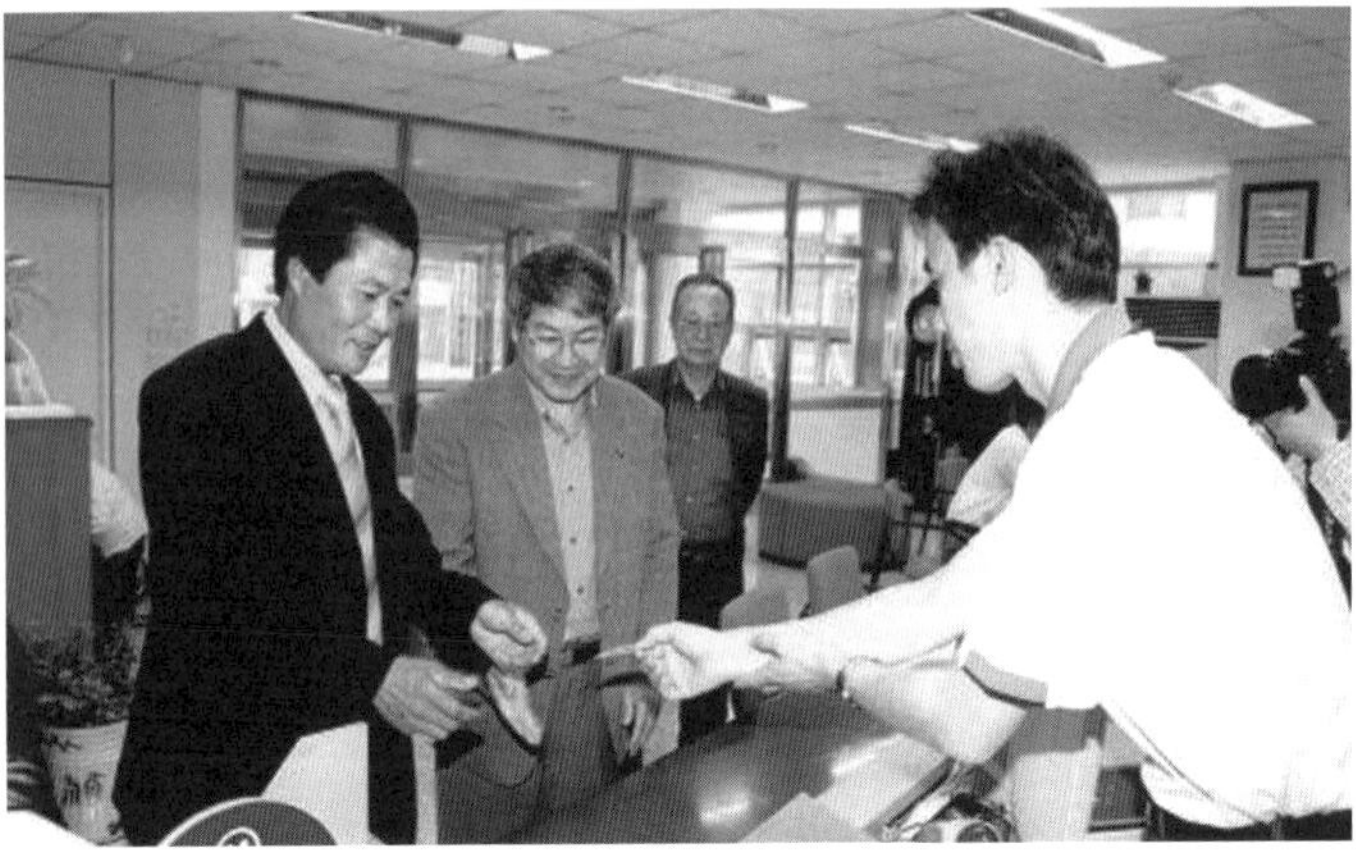

金さんの住民票交付の様子

その後二〇〇二年五月に金氏は韓国籍を取得します。国籍取得により韓国内で居住する場所の住民票が交付されます。私はその交付のお祝いのパーティーに招待されました。金氏の自伝では私の名前はたびたび出てくるのですが、その国籍取得時のお祝いの日の写真にも牧師さん、議員秘書と私の四人で写っている写真が掲載されています（前記金氏自伝の二四七ページ）。私への謝意の表明かと思います。これは、私自身が民事裁判の控訴審を闘っている時期でした。ですから私は民事裁判第一審と控訴審途中までの時期に北朝鮮難民（脱北者）支援活動を行い、その支援活動の成果を目にすることができたのでした。

▼支える会会員の幅広い支援

金氏の人並み外れた行動力があったとはいえ、キリスト教会の関係者や人権活動家、さらには、一定の団体の趣旨に立ってというわけではなく、個人として参加した人々の根気強い支援が実を結んだ金氏の韓国国籍取得でした。金氏は前掲の自伝で「収容されて間もないころから、福岡の高柳英子さんという女性が手紙をくださるようになった。この手紙はずっと続き、出所するまでには五百五十通にものぼった。東京や大阪、長崎など、全国各地からもらった手紙も一千通を超えた。／福岡と長崎（の）支援者の方々が週に一度、面会に訪れてくださった。このような日本人と外国人の訪問は、途絶えることなく続いていた」（二二六ページ）と述べています。また前述二〇〇一年二月二日領事館訪問に関しては「在福岡韓国領事館から一本の電話がかかってきた。二月二日の午前十時に、「支える会」の真砂友子会長、青柳行信事務局長らとともに領事館に来いとの連絡だった」と述べています（二四一ページ）。「支える会」に置いていたのは会長ではなく代表だったと記憶していますが、ともあれ金氏が言及している高柳さんも真砂さんも個人として金氏を支援されていました。このように、個人の立場で続けていただいた支援が大きな力を発揮していたのです。私は「支える会」の事務局長であり、種々の支援運動を展開したつもりではあるのですが、金氏が韓国国籍を得ることができたのはこのような幅広い支援活動が日本で組織されていたからです。

二　ミャンマーからのロヒンギャ難民を支援する活動

▼ミャンマーからの難民

ミャンマー連合国の国名は一九八九年まではビルマ連合国でした。今でも自国を「ビルマ」と呼ぶミャンマー人はたくさんいるそうです。私が支援したミャンマーからの難民を支援していたころ、ほとんどの難民は「自分の国はビルマ」と言っていました。

ミャンマーの国民の約半数はビルマ人ですが、国内には部族が八部族あり、その八部族の下に民族が一三五あるといわれています。私が支援したミャンマーからの難民はカチン人とロヒンギャの人でした。カチン人の多くはビルマ北部のカチン州に住んでいます。この地ではキリスト教が広く信じられています。ロヒンギャは「ベンガル系のイスラム教徒」と呼ばれる場合のあるように多くはイスラム教徒です。ミャンマーの国教は仏教です。これを見るだけでも、ミャンマーの難民問題には部族、民族、宗教の違いが根底に横たわっていることが分かります。

日本での難民申請を求める人は茨城県牛久市の東日本入国管理センターか長崎県大村市の西日本入国管理センターに収容されます。入国管理センターでの対応が極めて非人間的であり、衛生管理に問題があることはしばしば指摘されています。その例は金氏の説明でも見た通りです。

長崎市や長崎県には大村の入国管理センターに収容されている難民認定希望者に対する人権侵害を解決するのに取り組んでいる教会関係者、弁護士、市民運動家がいます。ある時大村のセンターに一一名ものミャンマーからの難民が送られてきたことがありました。難民支援グループの牧師さんたちはその人数の多さに驚きながらも、面会活動を行なうことにしました。その際にミャンマーから来日し難民申請をする理由などを聞くのですが、それを聞いてさらに驚きました。当時のミャンマーで起こっている迫害の真実を聞いたのです。「兄弟が捕らえられて殺された」「姉妹が拷問された」「親類はどこに連れていかれたのか分からない」などなどショッキングな証言でした。ミャンマー内ではカチン人やロヒンギャーであるという理由で、ミャンマー内でこのような迫害を受けていたのです。その迫害を逃れて苦労を重ねて外国に出て、やっと日本にたどり着いた人々でした。日本での難民が認められずにミャンマーに送還されれば幾つの罪名のもとで、いったい何年間の牢獄生活が待っているか分かりません。

私はその牧師さんから相談され、長崎の方々、教会関係者、外国人の人権に関心を持つ人権運動家グループや個人と協力しながら支援運動を進めてきました。私が参加した支援の対象はカチン人一名とロヒンギャ三名でした。以下ではカチン人Aさんの説明は割愛して、ロヒンギャ三名がミャンマーで受けた迫害と日本での対応を説明します。私が支援活動をした時期は二〇〇六年から二〇〇八年です。それに留意してお読みください。

▼ロヒンギャ難民Lさんの場合

Lさんは二〇〇八年に福岡地裁に難民認定を求めて提訴します。その折の陳述書に基づいてロヒンギャやLさんの事情を説明します。

当時ミャンマーではアウンサンスーチーさんは大きな迫害を受けていました。ロヒンギャも迫害を受ける中で、ロヒンギャの中にはアウンサンスーチーを応援する人がたくさんいました。現在はLさんの提訴から一〇年以上経っています。その間にアウンサンスーチーさんの釈放や政治的復権がありました。しかしアウンサンスーチーさんの政治的復権や政権の運営によってもロヒンギャの状況は少しも変わってはいないと言われています。しかも二〇二一年二月一日にミャンマーで軍部によるクーデターがあり、アウンサンスーチーさんは再び拘束されました。今後もミャンマーの政治状況はさまざまに変わると思われます。

Lさんはロヒンギャが住むラカイン州（旧アラカン州）の生まれです。一九八六年に家族がヤンゴンに引っ越します。お母さんは事情がありアラカン州とヤンゴンの間を行き来していました。一九八八年に政府はロヒンギャがアラカン州から出ることを禁止します。出たことが発覚すれば強制的にアラカン州へ送還されます。Lさんは一九八八年以降お母さんに会っていません。お母さんはアラカン州から出られないし、Lさんが会いに帰ればヤンゴンには戻れないからです。身分証明書やパスポートは持っていません。アパートも借りられません。知人のところに仮住まいしていました。公務員にもなれません。ロヒンギャはミャンマーの国民とはみなされていないからです。ロヒンギャの人が一〇人くらい集まって話をしていると有無を言わさず解散させられます。だから宗教的な行事も催せません。選挙権は与えられていないし、立候補もできません。

彼のお父さんはヤンゴンでアウンサンスーチーさんが代表を務める国民民主同盟（NLD）の党員として活動し、逮捕されたこともあります。お兄さんも国民民主同盟の党員でしたが、ヤンゴンでの差別に耐えかねてタイに亡命しました。タイではバンコクで車の部品を扱う仕事をしていて、母国に送金しています。

ロヒンギャはミャンマーでは大学に入学できません。Lさんはロヒンギャであることを隠して「申し込み中」ということで入学許可を得ています（この文章の意味は、二五五ページでRさんの陳述書を説明する時に理解していただけます）。入学後に国民民主同盟に加入し、民主化運動に参加します。秘密裏にビラを配布したり、入党を勧誘したりしました。しかし次第に大学からも警察からも監視されるようになりました。そんな中、二〇〇六年五月アウンサンスーチーさんの軟禁解除を呼びかけるビラをバッグに入れて登校しました。ところがこの日に学生全員への持ち物検査がありました。ビラは見つかります。ある教授はそれを没収します。しかし、すぐ逃げるように、と付け足します。彼はお世話になって寝泊まりしている知人のアパートにも帰らず、つてを頼ってタイに出国します。そこでブローカーを紹介してもらい、バンコクのお兄さんの所にたどり着きました。約一ヵ月バンコクにいたのですが、タイのパスポートはありません。見つかればミャンマーに送還されます。それは避けたいので、難民申請をすることにします。またブローカーに依頼しました。

約一ヵ月半後に自分の名前が書かれ、自分の写真が貼ってあるパスポートを受け取ります。タイで難民申請するとミャンマーに送還される可能性が大きいので、ビザの取れる国のビザを、これもブローカーに依頼します。「じゃ日本にしよう」と言われます。約二週間で日本のビザを入手し、福岡へ向かう飛行機に乗ります。パスポートとビザのブローカーへの支払いや飛行機代はすべてお兄さんが負担してくれました。

福岡に着くと一緒に来ていたブローカーからパスポートや航空券を持っているとタイに送還されると言われて、それをブローカーに渡します。パスポートもなくて入国しようとするので、入管に送られます。難民申請をしますが、厳しい取り調べを受けます。Lさんにとって辛かったのは厳しい取り調べもさることながら、ビルマ語の分かるしっかりした通訳に出会わなかったことでした。彼の事情が取調官に通じないのです。通訳は三人変わったそうですが、そのうちの一人はビルマ語をほとんど解さなかったそうです。

私たちはLさんへの面会を続け、彼が福岡地裁へ提訴した難民認定裁判の支援を続けました。彼は仮放免となった後は福岡市中央区美野島の司牧センターに住めるようにしました。Lさんは最終的には難民申請が認められました。

▼ロヒンギャ難民Rさんの場合

Rさんもパスポートを持たずに入国しようとして入管に収容されていましたが、難民申請をします。Lさんの場合と同じように、Rさんを支援する人たちは面会を続けました。Rさんは難民不認定処分を取り消すよう求めて福岡地裁に二〇〇八年五月に提訴したのですが、その裁判に提出されたRさんの陳述書をもとにロヒンギャの迫害の実態の一例を説明します。

Rさんはビルマ人のお父さんとロヒンギャのお母さんの間に生まれています。一家はヤンゴンに住んでいました。お母さんはロヒンギャですからアラカン州から出られません。なぜRさんたちはロヒンギャなのにヤンゴンに住んでいたかというと、偽造国民登録証を持っていたからです。偽造国民登録証は決して珍しいものではなく、ヤンゴンに住んでいる多くのロヒンギャはこれを持っているそうです。この国民登録証は一八歳から持つのですがミャンマーの大学は早ければ一六歳から入学できるので、ロヒンギャは「国民登録申請中」と申告して入学するのです。

前節でロヒンギャのLさんの説明で「ロヒンギャはビルマでは大学に入学できません。ロヒンギャであることを隠して『申し込み中』ということで入学許可を得て」と書きました。この「申し込み中」というのは、Rさんのこの陳述書に書かれている「国民登録申請中」を指しています。

大学への入学は一六歳でできるとはいえ、卒業時には一八歳を越えています。一八歳以上ですから国民登録証の検査があります。ロヒンギャは国民登録証を持っていないので卒業できません（このような場合に偽造国民登録証はその効用を発揮しないのかと思いますが、詳しいことは分かりません）。文字通り「入学は易しく、卒業は厳しい」のです。だからロヒンギャのすべての大学入学者は中退です。それでも大学に行くのは、政体が変わった折には大学で積んだ勉強は必ず役に立つという希望を持っているからです。

ロヒンギャのRさんはイスラム教徒ですが、ミャンマーのイスラム教徒は国民の三〜四パーセントで、そのうちの三分の二はロヒンギャです。ミャンマーは国教を仏教と定めているので、宗教上もロヒンギャは差別、迫害を受けています。

そのRさんがミャンマー国内で受けた差別と迫害の事情は次のようです。二〇〇三年一〇月のある日のことです。お世話になっていたおじさんや親類の人と一緒に近くの町へ商売に行きます。出向いていた町で、実家がある町で放火事件があった、と聞きます。急いで町に帰ります。木造のモスクとその隣のおじさんの家が焼け落ちていて、おじさんの家族と親類の家族八人が亡くなっていました。モスクの焼け方がひどくて、原因は放火でした。近くでは「軍の車を見た」ともっぱらのうわさでした。

その日のうちに親類の人と一緒に原因究明を求めて警察署に行きます。偽造国民登録証に記載されている氏名を告げました。「軍の車がいたそうだ」とも報告しました。警察官はどこかに電話をしていましたが、まもなく帰宅するように言われます。

警察署を出てしばらくして、警察官が後をつけて来るのに気づきます。偽造国民登録証のことがばれたのだろうと思い逃げます。親類の人は捕まります。後になってですが、この人は殺害されたと聞きました。火事現場のおじさんの所には寄らずに実家のお父さんの所に戻りました。お父さんに別のおじさんの所で潜伏するように言われます。田舎で畜産業を営んでいるそのおじさんの所にすぐ行きます。そこで約二年半過ごしました。その間に、自分がモスクの放火犯にされていて逮捕状が出ていることを知ります。そればかりではなく、モスク火災から一ヵ月後ヤンゴンで起こった郵便局爆破事件の犯人とされ、その逮捕状も出されていて、お父さんの家には警察官がしばしば来てRさんの行方をさかんに尋ねていることも分かりました。

そのような状況でしたが、親類が日本に来ていたので、お父さんなどから日本に行くように勧められブローカーに頼んでティケットを買います。二〇〇六年六月にヤンゴンを出発し、中国に入って、日本に向かう飛行機に乗ります。パスポートは飛行機の中で破ってトイレに捨てます。ブローカーにはパスポートは見ないようにと言われていたのです。Rさんは偽造パスポートだと思っていたそうです。Rさんが福岡で難民申請をするのは、このような状況だったためです。

Rさんは政治的な運動はしていなかったのですが、送還されると逮捕が待っています。Rさんは私たちの支援によってLさんと同じように仮放免になり、やはり美野島司牧センターのお世話になっていて、最終的には難民として認められました。

▼ロヒンギャ難民Uさんの場合

私たちが支援したUさんも難民不認定を取り消すように福岡地裁に提訴していました。それに際して提出された陳述書によって彼の生活を説明します。これも二〇〇八年現在の彼の難民申請時のロヒンギャの実情です。

Uさんは一九六九年生まれで、両親ともにロヒンギャです。家は小作農で収穫の三分の一は地主に持って行かれます。三分の一は税金に徴収され、三分の一を家で食べたり市場で売ったりします。三分の一という高い税率はロヒンギャに特に課されている税率です。それよりはるかに少ない（例えば税率一〇パーセントという）民族もあるそうです。一九八八年八月に前述の国民民主同盟も参加した三日間にわたるデモに彼は兄弟四人とともに加わります。二日目には警察と軍隊が出動し、三日目にはデモ隊に対して発砲します。これで多くの死傷者が出ました。参加者の逮捕が始まりました。彼の家にも警官が来ました。兄弟五人はすぐ家を出て、それぞれ身を潜めます。行方の分からない兄弟もいます。その後、ごくたまにですが発送者のアドレスも氏名も記載されていない手紙が実家に送られてきていました。兄弟の一人からです。

Uさんは実家には帰れないので親類や知人の所を転々としていましたが、翌八九年にブローカーから偽造国民登録証を手に入れてヤンゴンに出ます。これが二〇歳の時です。それまではロヒンギャの言葉を喋っていたので、ビルマ語はよく分かりません。それから一八年間ヤンゴンで潜伏の生活を送りました。昼間は木材工場で働き、夜はバスの車掌などをしました。三枚の偽造国民登録証を持っていて、使い分けていました。住まいも転々としました。一九九八年にはヤンゴン在住のロヒンギャと結婚しましたが、婚姻届を出すと本名が露見するので婚姻届は出していません。奥さんや子どもと一緒に住んでもいません。

ある日アパートに警官が来て、逮捕状を見せます。所持していた偽造国民登録証がばれたのです。手錠をかけられました。彼は警官に賄賂を渡します。賄賂を渡して見過ごしてもらうのはミャンマーでは日常茶飯事だそうです。警官は手錠を外して、「自分で逃げた、と言うんだぞ」と言って、逃げるUさんを追いかけるふりをします。Uさんは奥さんに電話をします。奥さんも「逃げて！」と言います。それ以来奥さんにも子どもにも会っていません。二〇〇六年六月にブローカーから偽造パスポートを手に入れて、ヤンゴンから中国を経由して福岡に着きます。パスポートは見ないで福岡に着く前にトイレで破って捨てるようにと言われていて、そのようにしました。

Uさんがミャンマーで逮捕されたら、一九八八年のデモに参加した件、ヤンゴンに移住した件、偽造国民登録証を持っていた件で何年の刑が科されるか分かりません。もし日本での難民申請が認められずに送還されたら、偽造パスポートの件も加算されるから、気の遠くなるような年月を刑務所で過ごさなければなりません。さらに彼が逮捕されれば累はアラカン州にいる両親にも、ヤンゴンにいる妻子にも及びます。

私たちのUさん支援活動も裁判の傍聴や生活支援が主でした。Uさんは地裁では敗訴したのですが、控訴審で難民認定を受けることができました。

▼なお多くの難民

難民認定を受けたミャンマーからの難民の実例を三件述べました。これらの実態を知っていただければ、多くの弁護士やキリスト教教会の構成員や市民運動の方々が難民問題に粘り強く支援を続け、難民救済を訴えている理由を理解していただけると思います。難民支援は難民が故国で拘束されることのないように、出身国で逮捕されないようにする人権を守る運動なのです。

これまでに記載したのは、周囲の協力を得てミャンマーでの迫害を逃れて日本にたどり着いて最終的に難民認定を受けた例です。ミャンマーでの迫害はビルマ人と少数民族というような民族的対立と差別だけではありません。ミャンマーの国教である仏教と（カチン族の）キリスト教と（ロヒンギャでの）

イスラム教というような宗教的対立と差別であり、さらに、それらに基づく社会的な職業的な差別です。そのような差別の中にあって国外に出ることのできる人はごくわずかです。日本に来ても難民とは認められない人もたくさんいます。私が支援した人の中にも難民認定をされなかった人もいました。支援活動をおろそかにしたというわけではないのですが、裁判所の判断には従わざるを得ません。弁護士さんも市民運動の方々も教会の牧師さんも、もちろん私も、その折の辛さは胸に収めていて、難民擁護、人権侵害糾弾の支援運動を続けていたのです。

次節では国と国との戦争による被害者への支援について述べます。これは、日本での外国人支援活動や国による個人への迫害救済運動とは趣を少し異にしています。しかし日本はこの戦争に自衛隊派遣という形で深く関与していたので、私にとっては日本における人権侵害救済と同じ趣旨の問題でした。趣旨は同じとは言え、金氏の支援や難民支援などの継続的で、いわば線的な運動とは幾分雰囲気を異にしています。すなわち支援活動そのものは継続的とは言えない、いわば点的な参加でした。イラク支援活動です。

三　イラク支援活動

二〇〇一年九月一一日、ニューヨークの世界貿易センタービルなどへの航空機激突を契機としてアメリカ合衆国は二〇〇三年三月に有志連合軍とともにイラク攻撃を開始します。正規軍による戦闘は約三週間という短期間で終了したのですが、この戦争を契機とした反米武装勢力との戦いは約八年続きます。

イラク戦争反対の運動は世界各国で展開されていました。日本でも抗議行動が行われ、自衛隊イラク派遣反対の提訴もなされていました。その間にもイラク国内では空からと陸での攻撃と、それに起因する様々な混乱が続いていました。

アメリカを中心とする有志連合軍によるイラク攻撃開始直前、私は福岡で「アメリカのイラク攻撃を許さない実行委員会」を立ち上げ、連日福岡市内の警固公園での集会と福岡の最大の繁華街天神の道路片側いっぱいに拡がるフランスデモも行い、大濠公園の近くのアメリカ領事館への申し入れを行いました。デモを行ったのは私たちだけではありませんでした。各種団体が呼びかけたデモもありました。福岡市内のある中学校の生徒たちは自分たちで「イラク攻撃反対」の横断幕を作成、持参し、その子たちを見守る保護者たちも参加したデモもありました。

そのような状況でしたが、二〇〇四年五月に私は「アメリカのイラク攻撃を許さない実行委員会」代表として、「自衛隊の緊急な撤退を訴える宗教者・市民の会」の共同代表のお一人Kさんと会員のHさんと三人でイラク

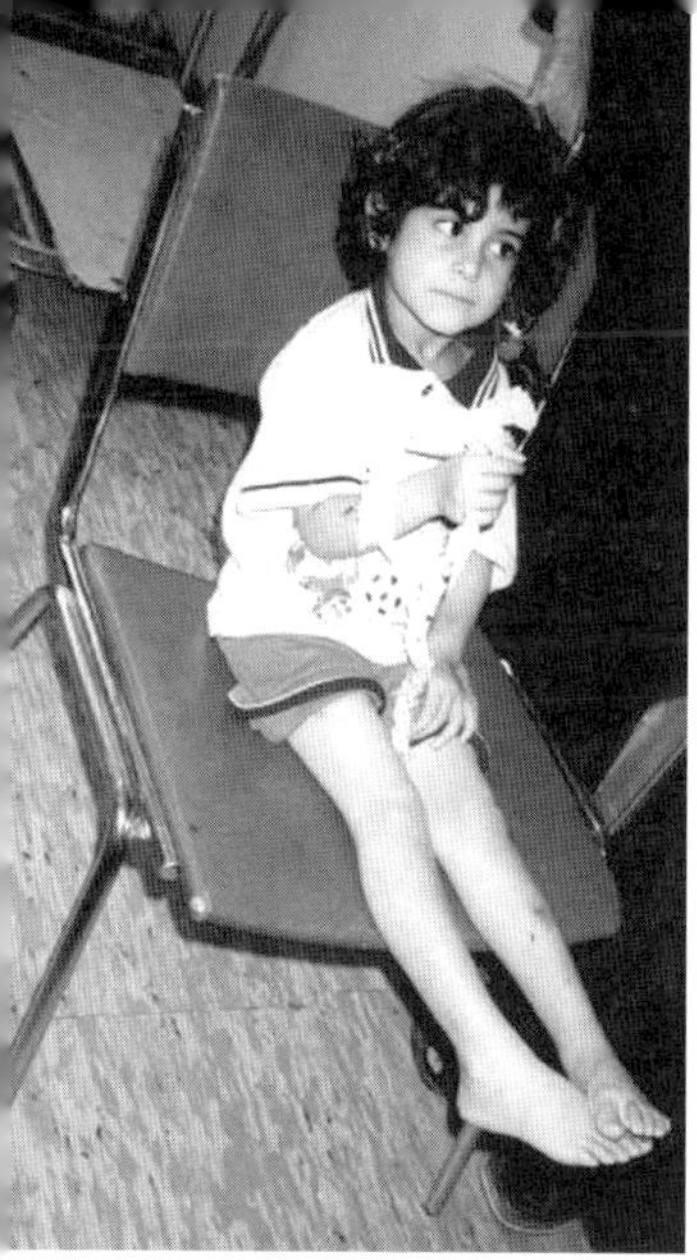

病院で治療を受ける劣化ウランの被害による白血病の少女

を訪問して、関係者に平和や連帯のメッセージを伝え、劣化ウラン爆弾が原因のがん患者用の薬品を手渡しました。

私は当初はこのイラク訪問団への参加を予定していませんでした。当時、イラク攻撃を契機としてイラクで日本人が拘束され、政府はイラクへの渡航を自粛するように求めていました。Kさんたちは五、六人でイラク支援行動を予定していたのですが、数名が政府のこの方針を知ってイラクへの渡航を見合わせました。その中でKさんから私に参加のお誘いがあったのです。

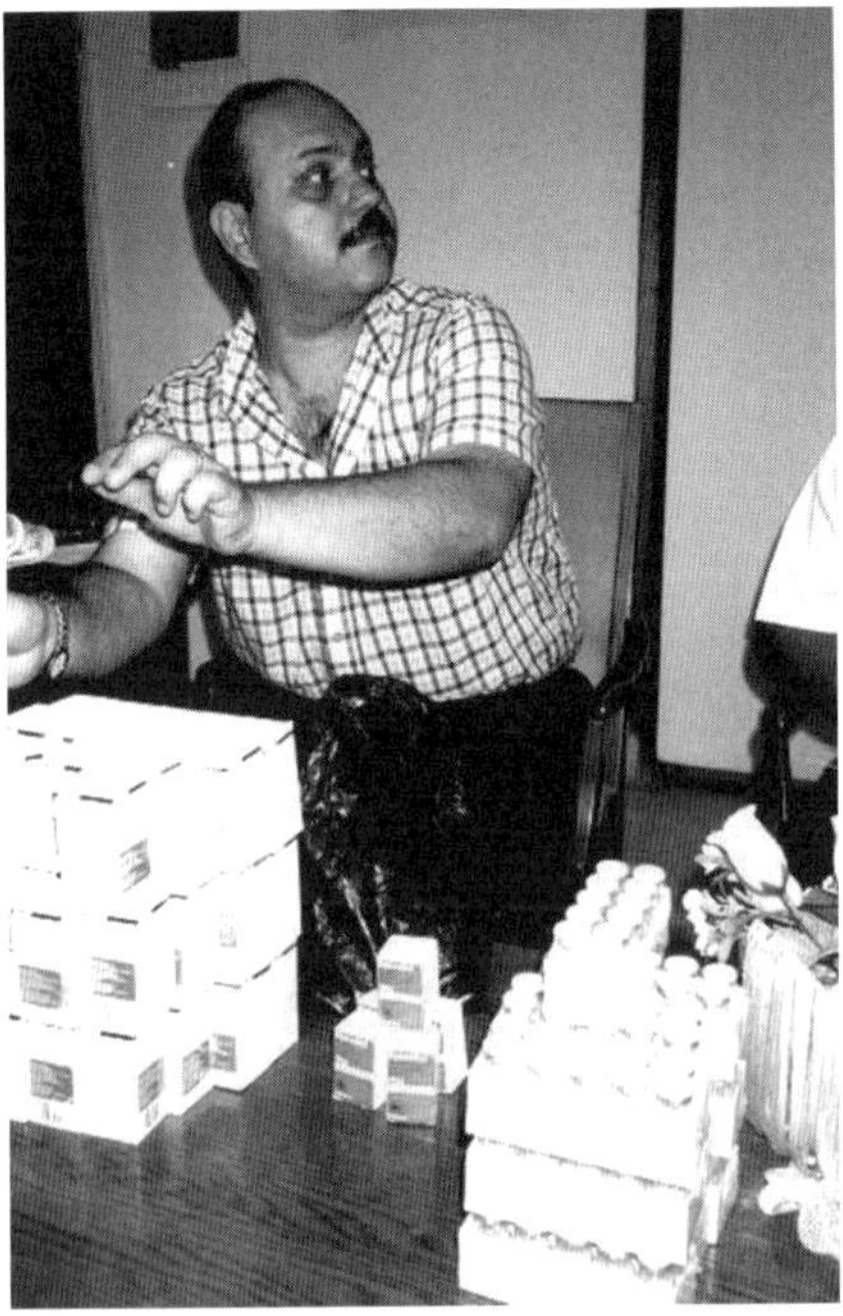
子ども病院に薬品を渡しました

私は、さてどうしたものか、と迷っていました。私は地元福岡での闘いこそが重要だという考えが強く、その方針で行動してきていました。他方では、私たちの福岡での行動は広く報道されていたのでイラク市民に新聞記事などを紹介して日本の市民の「連帯」の声を直接イラクの市民に届けることも大切だとも思っていました。またイラクに行き「人間の盾」としての行動もあり得るとも考えていました。私は悩んだ末に妻に相談したところ、「行きたいんでしょう」という返事でした。これで踏

イスラム聖職者協議会議長の事務所が入っていたモスク

ん切りがついて、Kさんには「参加させてください」と連絡しました。

私たちはドバイを経由してヨルダンのアンマンに入り、薬局を訪問しました。Kさんは以前にも仏教者の方々とイラクを訪問したことがあり、その際に米軍がイラクで使用した劣化ウラン弾が原因の病状に効果のある薬品を扱っているこの薬局のお世話になっていたのです。この薬局の主人はボランティアでご自分でもイラクへの支援を続けている方で、イラク支援の経験豊かな薬局なのです。私たちはその薬局でしかるべき薬品を入手します。アンマンからバグダッドまで約八〇〇キロメートルあるのですが、四輪駆動で夕方に出発して翌朝にはバグダッドにいました。砂漠の中を時には時速二〇〇キロくらいのスピードで走るという強行軍でした。

訪問の目的は次の四点によってイラクと日本の民衆レベルでの連帯と平和への願いを確認することでした。

①日本とイラクの民衆の友好関係の確認
②非人道的なアメリカの攻撃と占領政策を批判
③自衛隊がこの占領政策に加担していることを批判

④イラクの解放と民主政府樹立に向けた民衆の協力に協賛

訪問の目的地はいずれもバグダッド市内でした。私たちの訪問先とそこで行った内容の概略は次のようでした。

①教育子ども病院を訪問してアンマンで入手した抗がん剤を手渡しました。
②占領監視センターでアメリカによる爆撃で破壊されたファルージャでの被害援助の寄付金を渡しました。センターでは米軍の爆撃の様子、発砲や略奪の実情、家屋や室内の破壊の実態、拷問や性暴力の真実などの報告を聞きました。
③イラク失業労働者組合事務所を訪問して、イラクと日本両国の労働者連帯のメッセージを手渡しました。この労働組合は、米軍の攻撃により麻痺してしまった経済の中で労働人口の七〇パーセントが失業という惨状の中で、労働者の大きな支持を得ていたのです。
④イスラム聖職者協議会議長を訪問しました。この協議会は当時拘束されていた日本人三人、今井さん、高遠さん、郡山さんの救出に大きな役割を果たしていました。私たちは、自衛隊の緊急撤退を求める日本民衆からイラク民衆へのメッセージを渡しましたし、評議会からの日本の民衆へ連帯のメッセージも手渡されました。

私たちがバグダッドに滞在したのは二泊だけという慌ただしい訪問でしたが、この時の様子は写真に撮り、そのうちの約五〇枚を活用して、いろいろな集会で報告しました。集会の後にはイラク攻撃反対のデモをやっていたのです。このイラク支援活動は私が所属している「カトリック正義と平和協議会」のメンバーからも高く評価されていました。

終章
人権侵害との闘い……フィリピンとイラク、ペルーと日本、さらに福島

私は七〇年代後半の川鉄公害反対運動に参加する中でフィリピンのミンダナオ島を訪問して多くの住民と話し合い、日本での公害の実態を説明し、彼らの迫害の実態をも知りました。本書でそれについて述べる際にカトリック教会の「正義と平和協議会」について触れ、抑圧・差別されている弱い立場の人々の持つ怒りや叫びを共有しながら社会正義の実現に向かう感慨について語りました(七二ページ)。それから約二〇年後に戦火に苦しむイラクを訪問したのですが、その時もまったく同じ感慨を持ちました。フィリピンで訪れたのはキリスト教会でしたが、イラクではモスクに聖職者を訪問しました。このように宗教によって判断するのではなく、抑圧され、差別され、迫害される中で人権が蹂躙され、侵害にさらされている人々へのまなざしを持ち続けたいと思っています。

ミンダナオ島の川鉄工場の建設はマルコス大統領の独裁政権下で実施された政策でした。私が訪問した時のイラクはアメリカ合衆国の対外政策の犠牲となっていました。私のペルー人労働者支援は人道的なものであり、多くの人権侵害への対応でもあったのですが、日系ペルー人労働者の増加は、本文中に何度も言及しましたが、日本の外国人労働者政策の一つの結果です。在日コリアンの指紋押捺問題、脱北者金さんやミャンマー難民の苦境のどれをとっても政治の影の部分です。私は、政治に抑

圧され、差別されながらも希望を失なわず、自由を求めて闘っている人々への共感から駆り立てられるように参加したのでした。

二〇一一年四月からの「テント・ひろば」もまさに原子力政策に翻弄される人々への共感、安全な社会や環境保持政策への転換を求める声に端を発しています。このように人権尊重の感性や人権擁護運動は決して政治とかけ離れて存在しているのではありません。私は国内外の多くの方の実践からこのことを学んできました。

私は「福岡県総がかり実行委員会」に参加したり、「市民連合ふくおか」にも参加したりしてきましたが、それは、人権擁護は政治と離して考えていては十全な効果を発揮できないと信じているからです。そのように考える人々とともに「テント・ひろば」や「福岡県総がかり実行委員会」や「市民連合ふくおか」が主催したり、共催、協賛したりした集会は二〇一一年一一月三日の舞鶴公園での一万六〇〇〇人の集会をはじめ二〇一九年一一月三日までに一三回開かれています。そこでは反原発や反核ばかりではなく、辺野古基地反対、軍拡反対、格差是正、各種の差別撤廃、平和運動推進などの日本の現状を総体として問い続けています。

私は人権擁護活動を行ってきたとはいえ、私が「抑圧・差別されている弱い立場」の人々の受けている人権侵害に接して支援の手を差し伸べることができたのはほんのわずかな人に対してです。そして多くの失敗も経験しています。しかし今後も「カトリック正義と平和協議会」の趣旨に体現されているカトリックの精神と人権擁護の精神を両立させながら、多くの人と協力してこの世界から人権侵害が一つずつ姿を消していくように行動していきたいと思っています。

あとがき

本書は青柳行信さんが今までのさまざまな活動について「語り」、私・栗山はそれをできるだけ忠実に「聞き書き」して成立しています。その事情は次のようです。私は二〇一四年初めから、青柳さんが「村長」を務めている「原発とめよう！ 九電前ひろば」に手伝いに行っていました。二〇一七年の秋口だったと記憶していますが、テントの中のテーブルにワープロ印字の小さな冊子が置いてありました。青柳さんに断ってめくってみると、それは青柳さんのプロフィールでした。今までのさまざまな活動をテーマ別にまとめてありました。私はそれを見てそれまでの青柳さんの諸活動を知りました。それ以降、時々青柳さんに今までの活動のアウトラインをお聞きしました。私が驚いたのは青柳さんが拘置所に約四ヵ月近く勾留されていたことでした。その期間中の体験を聞きました。また青柳さんは裁判に滅法詳しいのですが、自分の身に降りかかった火の粉を払うための裁判に関わっただけでなく、外国人の人権擁護の裁判も支援していたので裁判の知識が豊富だったのです。

拘置所での経験だけでなく、青柳さんが参加した諸活動の時代的、社会的背景や具体的な活動内容やその活動の様子などをお聞きしているうちに人権侵害への憤りを軸にした青柳さんの半生のイメージが少しずつ明確になってきました。そして青柳さんのさまざまな活動を多くの方に知っていただきたいと思うようになり、青柳さんもそれを望んでいました。そのために、それまでは断片的に「語って」いただいた事柄や活動を時間列で整理し、それらの周辺事象やそれに関連する資料を調べ、その内容を青柳さんに確認していただいたり補足していただいたりしました。ですから青柳さんの「語り」は、どのテーマにしても青柳さんが資料を手にして一気に「語り」終えたというものではありません。このようにしてまとめた青柳さんの半生記を二〇一八年二月に私のブログに『信仰・希望・愛――青柳行信半生記』というタイトルで掲載し始めました。このタイトルは青柳さんの諸活動を通じて流れているカトリックの精神の一端を借用したものです。

ブログは一週間、または二週間に一回書いていたのですが、青柳さんの活動を述べるだけではなく、その活動の背景や周囲の方の反応などを掲載しているうちに次第に量が増えて、五九回に及び、終わったのは二〇一九年七月でした。ブログ掲載中にも、本の形で読んでみたいという声を何人かの方からお聞きしていたので、ブログ掲載が終わった後に本の形に書き直しました。それが終わったのが二〇二〇年の桜の時期でした。世情はコロナ禍で花見に出る人もなく、公園の桜は徒に咲き誇っていました。

ブログでの掲載文をもとにしてでき上がったこの原稿は納得できるものではありませんでした。二〇一一年四月以来青柳さんが力を入れている脱原発テント「原発とめよう！九電本店前ひろば」についてほとんど触れていなかったからです。私はブログ掲載を始めた時点から、『信仰・希望・愛』の内容は「テント・ひろば」以前までと決めていました。その理由でサブタイトルに「半生記」を強調していました。またブログの最終回では、「テント・ひろば」の詳細報告については適任の方にお願いしたいとも書きました。
しかしブログを基にしたとはいえ、現在の青柳さんの活動の中心である「テント・ひろば」について書き込んでいない青柳さんの活動報告書はフルコースを注文したのにメイン・ディッシュの出てこないレストランという趣でした。さらに同じ頃「テント・ひろば」九周年記念誌発行の話題も交わされ始めていました。それらについて検討しているうちに『信仰・希望・愛』に「テント・ひろば」の経緯と現状を追加して、テント九周年記念誌的性格を持たせてみようと思い立ちました。その趣旨で「テント」についての青柳さんの「語り」を継続してもらい、九年間の資料を読んだり、写真を拝見したりしました。さらに久留米大学医学部臨床教授の音成龍司さんに本書の構成についてアドバイスをしていただきました。それにより、九電本店前脱原発ひろばという料理を提供するとともに「青柳行信半生記」の衣も脱ぐこともできました。そして、二〇二〇年の葉桜と新緑の時期が過ぎ、梅雨が明け、夏も過ぎた頃、ここに見ていただいている本書の体裁が整いました。

このような事情でブログを基としているとはいえタイトルも変えて本書はでき上がったのですが、「青柳行信が語った青柳行信の」諸活動やその関連事象の報告と記述が過不足なく誤解を招くことのないようにまとめられているかどうかは皆さんのご判断を待ちたいと思います。

なお、実名記述を了解していただいた方と実名で書いても差しさわりはあるまいと考えられる方は実名で記載しています（実名記載了解はブログ掲載時の了解も含めています）。それ以外の方はイニシアルで書いています。

ブログ掲載時から本書ができ上がるまで記載事項の確認や出版に際しまして多くの方々やグループやさまざまな会にお世話になりました。書名や書類名などはいちいち記していませんが、多くの資料も利用させていただきました。著者や資料作成された方々、ならびに文中に実名やイニシアルで書かせてもらったり資料を利用させてもらったりしたすべての人々とグループや会に心から感謝いたします。中でもテント九周年に際しまして青柳行信さんのメルマガに掲載されたお祝いや激励のメッセージを本書に転載することを承諾したいただいた皆さん、テントの挿絵やメッセージの掲載を了承していただいた西山進さん、さらには、濱生正直さんのメッセージの注にも書きましように、本書出版にご尽力をいただいた「核・ウラン兵器廃絶キャンペーン福岡」にお礼を申し上げます。

最後になりましたが、出版事情が厳しい昨今に本書の出版を快く引き受けていただきました柘植書房新社社長の上浦英俊氏の決断と編集者の阿部進さんのご努力とがなければこのような形での本書の出版はできませんでした。記して謝意を表します。

二〇二一年四月

栗山次郎

聞き書き（著者）紹介

栗山次郎（くりやま　じろう）

1944年生。九州大学大学院文学研究科修士課程修了。愛知教育大学、九州工業大学情報工学部、中国、ベトナムでドイツ語、日本語表現技法、日本語などを教える。
現　九州工業大学名誉教授。
編著書・訳書：『子ども共和国』（風媒社）、『黄色い星』（自由都市社、共訳）、『証言　第三帝国ユダヤ人迫害』（柏書房、共訳）、『ドイツ自由学校事情』（新評論）、『理科系の日本語表現技能』（朝倉書店）など。

九電本店前に脱原発テントを張って10年目
——キリスト者・青柳行信　人権擁護と反原発の闘い

2021年7月20日　第1刷発行　定価2,400円＋税

著　　者　栗山次郎
編　　集　阿部進（Office2）
装　　丁　市村繁和（i_Media）
発 行 所　柘植書房新社
〒113-0001　東京都文京区白山1－2－10　秋田ハウス102
TEL 03（3818）9270　　FAX 03（3818）9274
郵便振替 00160-4-113372　https://www.tsugeshobo.com
印刷・製本　創栄図書印刷

乱丁・落丁はお取り替えいたします。　ISBN978-4-8068-0749-0 C0030

原発立地・大熊町民は訴える

木幡 仁（前大熊町議）・
木幡ますみ（大熊町の明日を考える女性の会代表）［共著］

全国42都道府県と海外に避難している大熊町民
放射能によって故郷を奪われた人々の苦悩と選択

原発事故被曝者の生きる権利を、切々と訴える

柘植書房新社　定価 1700円＋税

原発立地・大熊町民は訴える

木幡仁（前大熊町議）・ますみ（大熊町の明日を考える女性の会代表）共著

定価 1700 円 + 税　ISBN978-4-8068-0631-8